TODO SOBRE EL CALENTAMIENTO GLOBAL

Descubre lo que esta Causando los Cambios más Fuertes en Nuestro Planeta

KIT MENZIE

Índice

Introducción

El calentamiento global es una de las cuestiones científicas más controvertidas del siglo XXI, que pone en tela de juicio la propia estructura de nuestra sociedad global. El problema es que el calentamiento global no es sólo una preocupación científica, sino que abarca la economía, la sociología, la geopolítica, la política local y la elección del estilo de vida de los individuos.

El calentamiento global está causado por el aumento masivo de gases de efecto invernadero, como el dióxido de carbono, en la atmósfera, resultado de la quema de combustibles fósiles y la deforestación. Hay pruebas claras de que ya hemos elevado las concentraciones de dióxido de carbono atmosférico a su nivel más alto del último medio millón de años y quizá incluso más.

Los científicos creen que esto está provocando un calentamiento de la Tierra más rápido que en cualquier otro momento durante, al menos, los últimos mil años.

El informe más reciente del Grupo Intergubernamental de Expertos sobre el Cambio Climático (IPCC), que consta de 2.600 páginas de revisión y análisis detallados de las investigaciones publicadas, declara que las incertidumbres científicas del calentamiento global están esencialmente resueltas. Este informe afirma que hay pruebas claras de un aumento de 0.6°C en las temperaturas globales y de 20 cm en el nivel del mar durante el siglo XX. La síntesis del IPCC también predice que las temperaturas globales podrían aumentar entre 1.4°C y 5.8°C y el nivel del mar podría subir entre 20 cm y 88 cm para el año 2100. Además, los patrones climáticos se volverán menos predecibles y aumentará la ocurrencia de eventos climáticos extremos, como tormentas, inundaciones y sequías.

Este libro trata de desentrañar las controversias que rodean a la hipótesis del calentamiento global y, con suerte, proporciona un incentivo para leer más sobre el tema. Comienza con una explicación sobre el calentamiento global y el cambio climático y sigue con un repaso de cómo se desarrolló la hipótesis del calentamiento global. El libro también investiga por qué la gente tiene opiniones tan extremas sobre el calentamiento global, opiniones que reflejan tanto la forma en que la gente ve la naturaleza como su propia agenda política.

La segunda mitad del libro examina las pruebas que demuestran que el calentamiento global ya se ha producido y la ciencia para predecir el cambio climático en el futuro. Se examinan los efectos potencialmente devastadores del calentamiento global en la sociedad humana, incluidos los cambios drásticos en la salud, la agricultura, la economía, los recursos hídricos, las regiones costeras, las tormentas y otros fenómenos climáticos extremos, y la biodiversidad.

Para cada una de estas áreas, los científicos y los sociólogos han hecho estimaciones de los posibles impactos directos; por ejemplo, se prevé que para 2025 cinco mil millones de personas experimentarán estrés hídrico. En este libro se analizan los impactos más importantes, junto con los planes para mitigar los peores.

También existen posibles sorpresas que el sistema climático global podría reservarnos, agravando el futuro cambio climático. Entre ellas, la posibilidad muy real de que la circulación oceánica profunda mundial se altere, sumiendo a Europa en una sucesión de inviernos extremadamente fríos o provocando una subida global del nivel del mar sin precedentes. Se prevé que el calentamiento global pueda hacer arder vastas zonas de la selva amazónica, añadiendo más carbono a la atmósfera y acelerando así el calentamiento global. Por último, hay una amenaza mortal que acecha bajo los océanos: enormes reservas de metano que podrían liberarse si los océanos se calientan lo suficiente, acelerando de nuevo el calentamiento global. Hay que tener en cuenta que el coste de reducir significativamente las emisiones de combustibles fósiles puede ser demasiado caro a corto plazo, por lo que la economía mundial tendrá que ser más flexible y adaptarse al cambio climático. También tendremos que priorizar qué partes de nuestro entorno global debemos proteger. La teoría del calentamiento global desafía, por tanto, nuestros conceptos actuales de Estado-nación frente a la responsabilidad global, y la visión a corto plazo de nuestros líderes políticos, que deben ser superados si se quiere hacer frente al calentamiento global con eficacia. No nos hagamos ilusiones: si el calentamiento global no se toma en serio, serán los más pobres de nuestra comunidad mundial, como siempre, los que más sufran.

¿Qué es el calentamiento global?

LA TEMPERATURA de la Tierra está controlada por el equilibrio entre la entrada de energía del sol y la pérdida de ésta hacia el espacio. Algunos gases atmosféricos son fundamentales para este equilibrio de temperaturas y se conocen como gases de efecto invernadero. La energía recibida del sol es en forma de radiación de onda corta, es decir, en el espectro visible y la radiación ultravioleta. Por término medio, alrededor de un tercio de esta radiación solar que llega a la Tierra se refleja al espacio. Del resto, una parte es absorbida por la atmósfera, pero la mayor parte es absorbida por la tierra y los océanos. La superficie de la Tierra se calienta y, como consecuencia, emite radiación infrarroja de onda larga. Los gases de efecto invernadero atrapan y reemiten parte de esta radiación de onda larga, y calientan la atmósfera. Los gases de efecto invernadero que se producen de forma natural son el vapor de agua, el dióxido de carbono, el ozono, el metano y el óxido nitroso, y juntos crean un efecto invernadero o manta natural que calienta la Tierra en 35 grados centígrados.

A pesar de los gases de efecto invernadero a menudo se representan en los diagramas como una sola capa, esto es sólo para demostrar su "efecto manta", ya que en realidad están mezclados en toda la atmósfera.

Otra forma de entender el "efecto invernadero" natural de la Tierra es compararla con sus dos vecinos más cercanos. El clima de un planeta depende de varios factores: su masa, su distancia al sol y, por supuesto, la composición de su atmósfera y, en particular, la cantidad de gases de efecto invernadero. Por ejemplo, el planeta Marte es muy pequeño y, por lo tanto, su gravedad es demasiado pequeña para retener una atmósfera densa; su atmósfera es unas cien veces más fina que la de la Tierra y está formada principalmente por dióxido de carbono.

. . .

La temperatura media de la superficie de Marte es de unos −50°C lo que el poco dióxido de carbono que existe está congelado en el suelo. En comparación, Venus tiene casi la misma masa que la Tierra, pero una atmósfera mucho más densa, compuesta en un 96% por dióxido de carbono. Este alto porcentaje de dióxido de carbono produce un intenso calentamiento global, por lo que Venus tiene una temperatura superficial de más de + 460°C.

La atmósfera terrestre está compuesta por un 78% de nitrógeno, un 21% de oxígeno y un 1% de otros gases. Son estos otros gases los que nos interesan, ya que incluyen los llamados gases de efecto invernadero. Los dos gases de efecto invernadero más importantes son el dióxido de carbono y el vapor de agua.

En la actualidad, el dióxido de carbono sólo representa entre el 0,03 y el 0,04% de la atmósfera, mientras que el vapor de agua varía entre el 0 y el 2%. Sin el efecto invernadero natural que producen estos dos gases, la temperatura media de la Tierra sería de unos −20°C. La comparación con los climas de Marte y Venus es muy dura debido a los diferentes espesores de sus atmósferas y a las cantidades relativas de gases de efecto invernadero. Sin embargo, como la cantidad de dióxido de carbono y vapor de agua puede variar en la Tierra, sabemos que este efecto invernadero natural ha producido un sistema climático que es naturalmente inestable y bastante impredecible en comparación con los de Marte y Venus.

Una de las formas en que sabemos que el dióxido de carbono atmosférico es importante para controlar el clima global es a través del estudio de nuestro clima pasado. En los últimos dos millones y medio de años, el clima de la Tierra ha oscilado entre las grandes épocas glaciales, con capas de hielo de más de 3 km de espesor sobre América del Norte y Europa, y condiciones aún más suaves que las actuales. Estos cambios son extremadamente rápidos si se comparan con otras variaciones geológicas, como el movimiento de los continentes alrededor del globo, donde estamos viendo un período de tiempo de millones de años. Pero, ¿cómo sabemos de estas enormes glaciaciones y del papel del dióxido de carbono? Las pruebas provienen principalmente de los núcleos de hielo perforados en la Antártida y Groenlandia. Cuando la nieve cae, es ligera y blanda y contiene mucho aire. Cuando se compacta lentamente para formar hielo, parte de este aire queda atrapado. Al extraer estas burbujas de aire atrapadas en el hielo antiguo, los científicos pueden medir el porcentaje de gases de efecto invernadero que había en la atmósfera del pasado.

Los científicos han perforado más de tres kilómetros de profundidad tanto en la capa de hielo de Groenlandia como en la de la Antártida, lo que les ha permitido reconstruir la cantidad de gases de efecto invernadero que había en la atmósfera durante el último medio millón de años.

Examinando los isótopos de oxígeno e hidrógeno en el núcleo de hielo, es posible estimar la temperatura a la que se formó el hielo. Los resultados son sorprendentes, ya que los gases de efecto invernadero, como el dióxido de carbono atmosférico (CO_2) y el metano (CH_4), covarían con las temperaturas de los últimos 400.000 años. Esto respalda firmemente la idea de que el contenido de dióxido de carbono en la atmósfera y la temperatura global están estrechamente relacionados, es decir, que cuando el CO_2 y el CH_4 aumentan, la temperatura aumenta y viceversa. Esta es nuestra mayor preocupación para el clima futuro: si los niveles de gases de efecto invernadero siguen aumentando, también lo hará la temperatura de nuestra atmósfera. El estudio del clima del pasado, como veremos a lo largo de este libro, proporciona muchas pistas sobre lo que podría ocurrir en el futuro. Uno de los resultados más preocupantes del estudio de los núcleos de hielo, y de los sedimentos lacustres y de aguas profundas, es que el clima del pasado ha variado regionalmente al menos 5°C en unas pocas décadas, lo que sugiere que el clima sigue una trayectoria no lineal. De ahí que debamos esperar sorpresas repentinas y dramáticas cuando los niveles de gases de efecto invernadero alcancen un punto de activación aún desconocido en el futuro.

Uno de los pocos aspectos del debate sobre el calentamiento global que parece ser universalmente aceptado es que hay pruebas claras de que los niveles de dióxido de carbono atmosférico han estado aumentando desde el comienzo de la revolución industrial. Las primeras mediciones de las concentraciones de CO_2 en la atmósfera comenzaron en 1958 a una altura de unos 4.000 metros en la cima del monte Mauna Loa, en Hawai. Las mediciones se realizaron aquí para estar alejadas de las fuentes locales de contaminación. Lo que han demostrado claramente es que las concentraciones atmosféricas de CO_2 han aumentado cada año desde 1958. La concentración media de aproximadamente 316 partes por millón en volumen (ppmv) en 1958 aumentó a aproximadamente 369 ppmv en 1998. Las variaciones anuales en el observatorio de Mauna Loa se deben principalmente a la captación de CO_2 por parte de las plantas en crecimiento. La captación es mayor en la primavera del hemisferio norte; de ahí que cada primavera se produzca un descenso del dióxido de carbono atmosférico que, desgraciadamente, no influye en la tendencia general hacia valores cada vez más altos.

Estos datos sobre el dióxido de carbono del observatorio de Mauna Loa pueden combinarse con el trabajo detallado de los núcleos de hielo para obtener un registro completo del dióxido de carbono atmosférico desde el comienzo de la revolución industrial. Lo que esto muestra es que el CO_2 atmosférico ha aumentado desde una concentración preindustrial de unas 280 ppmv hasta más de 370 ppmv en la actualidad, lo que supone un aumento de 160.000 millones de toneladas, lo que representa un incremento global del 30%. Para contextualizar este aumento, podemos observar los cambios entre la última era glacial, cuando las temperaturas eran mucho más bajas, y el periodo preindustrial.

Según las pruebas de los núcleos de hielo, los niveles atmosféricos de CO_2 durante la edad de hielo eran de unas 200 ppmv, en comparación con los niveles preindustriales de 280 ppmv, lo que supone un aumento de más de 160.000 millones de toneladas, casi la misma contaminación de CO_2 que hemos introducido en la atmósfera en los últimos 100 años. Este aumento del dióxido de carbono fue acompañado por un calentamiento global a medida que el mundo se liberaba de las garras de la última era glacial. Aunque la causa última del fin de la última glaciación fueron los cambios en la órbita de la Tierra alrededor del sol, los científicos que estudian los climas del pasado se han dado cuenta del papel central que tiene el dióxido de carbono atmosférico como una retroalimentación climática que traduce estas variaciones externas en el aumento y disminución de las edades de hielo. Demuestra que el nivel de contaminación que hemos provocado en un siglo es comparable a las variaciones naturales que tardaron miles de años.

· · ·

El debate en torno a la hipótesis del calentamiento global es si los gases de efecto invernadero adicionales que se añaden a la atmósfera aumentarán el efecto invernadero natural. Los escépticos del calentamiento global sostienen que, aunque los niveles de dióxido de carbono en la atmósfera están aumentando, esto no causará un calentamiento global, ya que, o bien los efectos son demasiado pequeños, o bien existen otras retroalimentaciones naturales que contrarrestarán un calentamiento importante. Incluso si se adopta el punto de vista de la mayoría de los científicos y se acepta que la quema de combustibles fósiles provocará un calentamiento, hay un debate diferente sobre cuánto aumentarán exactamente las temperaturas.

También está la discusión sobre si el clima global responderá de forma lineal a los gases de efecto invernadero adicionales o si hay un umbral climático esperándonos. Estas cuestiones son abordadas más adelante en el libro.

La Convención Marco de las Naciones Unidas sobre el Cambio Climático se creó para lograr el primer acuerdo internacional sobre la reducción de las emisiones mundiales de gases de efecto invernadero. Sin embargo, esta tarea no es tan sencilla como parece a primera vista, ya que las emisiones de dióxido de carbono no son producidas de manera uniforme por los países. La primera fuente importante de dióxido de carbono es la quema de combustibles fósiles, ya que una parte importante de las emisiones de dióxido de carbono procede de la producción de energía, los procesos industriales y el transporte. Estos no se distribuyen uniformemente por todo el mundo debido a la desigual distribución de la industria; de ahí que cualquier acuerdo afecte más a las economías de ciertos países que a las de otros. En consecuencia, por el momento, los países industrializados deben asumir la principal responsabilidad de reducir las emisiones de dióxido de carbono a unos 22.000 millones de toneladas anuales. América del Norte, Europa y Asia emiten más del 90% del dióxido de carbono producido industrialmente en el mundo. Además, históricamente han emitido mucho más que los países menos desarrollados.

La segunda fuente principal de emisiones de dióxido de carbono es el resultado de los cambios en el uso del suelo. Estas emisiones proceden principalmente de la tala de bosques para la agricultura, la urbanización o las carreteras.

Cuando se talan grandes extensiones de selva, la tierra suele convertirse en pastizales menos productivos con una capacidad considerablemente menor de almacenar CO_2. En este caso, el patrón de las emisiones de dióxido de carbono es diferente, ya que América del Sur, Asia y África son responsables de más del 90% de las emisiones actuales derivadas del cambio de uso del suelo, unos 4.000 millones de toneladas de carbono al año. Sin embargo, esto debe considerarse frente al hecho histórico de que América del Norte y Europa ya habían cambiado su propio paisaje a principios del siglo XX. En cuanto a la cantidad de dióxido de carbono emitido, los procesos industriales siguen superando significativamente los cambios en el uso de la tierra.

Entonces, ¿quiénes son los malos en la causa de este aumento del dióxido de carbono atmosférico? Por supuesto, son los países desarrollados los que histórica-mente han emitido la mayor parte de los gases de efecto invernadero antropogénicos (provocados por el hombre), ya que llevan emitiendo desde el inicio de la revolución industrial en la segunda mitad del siglo XVIII. Además, una economía industrializada madura está ávida de energía y quema grandes cantidades de combustibles fósiles. Una cuestión importante en el debate continuo es el reparto de la responsabilidad. Los países no industrializados se esfuerzan por aumentar el nivel de vida de su población, con lo que también aumentan sus emisiones de gases de efecto invernadero, ya que el desarrollo económico está estrechamente relacionado con la producción de energía. Así, el volumen de dióxido de carbono aumentará probablemente, a pesar de los esfuerzos por reducir las emisiones en los países industrializados. Por ejemplo, China es el segundo país con más emisiones de dióxido de carbono en el mundo.

Sin embargo, las emisiones chinas per cápita son diez veces menores que las de Estados Unidos, que encabeza la lista. Esto significa que en EEUU cada persona es responsable de producir diez veces más contaminación por dióxido de carbono que en China. Así que todos los proyectos de acuerdos internacionales relativos a la reducción de emisiones desde la Cumbre de la Tierra de Río en 1992 no han incluido, por razones morales, al mundo en desarrollo, ya que se considera un freno injusto a su desarrollo económico. Sin embargo, se trata de una cuestión significativa porque, por ejemplo, tanto China como la India se están industrializando rápidamente, y con una población combinada de más de 2.300 millones de personas producirán una enorme cantidad de la contaminación.

El Grupo Intergubernamental de Expertos sobre el Cambio Climático (IPCC) fue creado en 1988 conjuntamente por el Grupo de Expertos en Medio Ambiente de las Naciones Unidas y la Organización Meteorológica Mundial debido a la preocupación por la posibilidad de un calentamiento global. El propósito del IPCC es la evaluación continua del estado de los conocimientos sobre los diversos aspectos del cambio climático, incluidos los impactos científicos, ambientales y socioeconómicos y las estrategias de respuesta. El IPCC es reconocido como la voz científica y técnica más autorizada sobre el cambio climático, y sus evaluaciones han tenido una profunda influencia en los negociadores de la Convención Marco de las Naciones Unidas sobre el Cambio Climático (CMNUCC) y su Protocolo de Kioto. Las reuniones de La Haya, en noviembre de 2000, y de Bonn, en julio de 2001, fueron el segundo y tercer intento de ratificar (es decir, hacer legales) los Protocolos establecidos en Kioto en 1998.

Lamentablemente, el presidente Bush retiró a Estados Unidos de las negociaciones en marzo de 2001. Sin embargo, otros 186 países hicieron historia en julio de 2001 al acordar el tratado medioambiental más amplio y de mayor alcance que el mundo haya visto jamás. Pero el Protocolo de Kioto aún no ha sido ratificado.

El IPCC está organizado en tres grupos de trabajo más un grupo de trabajo para calcular la cantidad de gases de efecto invernadero que produce cada país. Cada uno de estos cuatro órganos tiene dos copresidentes (uno de un país desarrollado y otro de un país en desarrollo) y una unidad de apoyo técnico.

El Grupo de Trabajo I evalúa los aspectos científicos del sistema climático y del cambio climático; el Grupo de Trabajo II aborda la vulnerabilidad de los sistemas humanos y naturales al cambio climático, las consecuencias negativas y positivas del cambio climático y las opciones para adaptarse a ellas; y el Grupo de Trabajo III evalúa las opciones para limitar las emisiones de gases de efecto invernadero y mitigar de otro modo el cambio climático, así como las cuestiones económicas.

Por lo tanto, el IPCC también proporciona a los gobiernos información científica, técnica y socioeconómica relevante para evaluar los riesgos y desarrollar una respuesta al cambio climático global. Los últimos informes de estos tres grupos de trabajo se publicaron en 2001 y unos 400 expertos de unos 120 países participaron directamente en la redacción, revisión y finalización de los informes del IPCC y otros 2.500 expertos participaron en el proceso de revisión.

Los autores del IPCC son siempre nombrados por los gobiernos y por organizaciones internacionales, incluidas las organizaciones no gubernamentales.

El IPCC también recopila investigaciones sobre los principales gases de efecto invernadero: de dónde proceden y el consenso actual sobre su potencial de calentamiento (véase más abajo).

. . .

El potencial de calentamiento se calcula en comparación con el dióxido de carbono, al que se le asigna un potencial de calentamiento de uno. De este modo, los diferentes gases de efecto invernadero pueden compararse entre sí de forma relativa en lugar de en términos absolutos. El potencial de calentamiento global se calcula para un periodo de 20 y 100 años. Esto se debe a que los diferentes gases de efecto invernadero tienen diferentes tiempos de permanencia en la atmósfera debido al tiempo que tardan en descomponerse en la atmósfera o en ser absorbidos por el océano o la biosfera terrestre. La mayoría de los demás gases de efecto invernadero son más eficaces para calentar la atmósfera que el dióxido de carbono, pero siguen estando en concentraciones muy bajas en la atmósfera. Como se puede ver en la Tabla 1, hay otros gases de efecto invernadero que son mucho más peligrosos masa por masa que el dióxido de carbono, pero existen en concentraciones muy bajas en la atmósfera y, por tanto, la mayor parte del debate sobre el calentamiento global sigue centrándose en el papel y el control del dióxido de carbono atmosférico.

. . .

Muchos científicos creen que el efecto invernadero inducido por el hombre o antropogénico provocará un cambio climático en un futuro próximo.

Incluso algunos de los escépticos del calentamiento global sostienen que, aunque el calentamiento global puede ser una influencia menor, el cambio climático natural se produce en escalas de tiempo humanas y deberíamos estar preparados para adaptarnos a él.

Pero, ¿qué es el cambio climático y cómo se produce? El cambio climático puede manifestarse de varias maneras, por ejemplo, cambios en las temperaturas regionales y globales, cambios en los patrones de precipitación, expansión y contracción de las capas de hielo y variaciones del nivel del mar. Estos cambios climáticos regionales y globales son respuestas a mecanismos de forzamiento externos y/o internos. Un ejemplo de mecanismo de forzamiento interno son las variaciones en el contenido de dióxido de carbono de la atmósfera que modulan el efecto invernadero, mientras que un buen ejemplo de mecanismo de forzamiento externo son las variaciones a largo plazo en las órbitas de la Tierra alrededor del sol, que alteran la distribución regional de la radiación solar hacia la Tierra. Se cree que esto es la causa de los altibajos de las edades de hielo.

Por lo tanto, a la hora de buscar las pruebas del calentamiento global y de predecir el futuro, debemos tener en cuenta todos los mecanismos naturales de forzamiento externo e interno.

Por ejemplo, hasta hace poco, el enfriamiento que se produjo en todo el mundo durante la década de 1970 no se explicaba hasta que se tuvieron en cuenta las variaciones "externas" y cíclicas cada 11 años de la producción de energía del sol, el llamado ciclo de manchas solares.

También podemos intentar abstraer la forma en que el sistema climático global responde a un agente de forzamiento interno o externo examinando diferentes escenarios. En estos escenarios asumo que sólo hay un mecanismo de forzamiento que intenta cambiar el clima global. Lo importante es cómo reaccionará el sistema climático global. Por ejemplo, ¿es la relación como la de una persona que intenta empujar un coche por una colina y que, curiosamente, obtiene muy poca respuesta? O es más bien como una persona que empuja un coche cuesta abajo, que, una vez que el coche empieza a moverse, es muy difícil de parar. Hay cuatro relaciones posibles y ésta es la cuestión central del debate sobre el calentamiento global, que es la más aplicable al futuro.

1. (a) Respuesta lineal y sincrónica. En este caso el forzamiento produce una respuesta directa en el sistema climático cuya magnitud es proporcional al forzamiento. En términos de calentamiento global, un millón de toneladas adicionales de dióxido de carbono provocaría un determinado aumento de temperatura predecible. Esto puede equipararse a empujar un coche por una carretera flat: la mayor parte de la energía empleada en empujar se utiliza para hacer avanzar el coche.

2. (b) Respuesta silenciada o limitada. En este caso, el forzamiento puede ser fuerte, pero el sistema climático está amortiguado de alguna manera y, por lo tanto, da una respuesta muy pequeña. Muchos políticos y escépticos del calentamiento global

sostienen que el sistema climático es muy insensible a los cambios en el dióxido de carbono atmosférico, por lo que en el futuro ocurrirá muy poco. Es la analogía de "empujar el coche cuesta arriba": se puede gastar toda la energía que se quiera para empujar el coche, pero no llegará muy lejos.

3. (c) Respuesta retardada o no lineal. En este caso, el sistema climático puede tener una respuesta lenta al forzamiento gracias a que está amortiguado de alguna manera. Tras un periodo inicial, el sistema climático responde al forzamiento pero de forma no lineal. Esta es una posibilidad real en lo que respecta al calentamiento global y la razón por la que se argumenta que hasta ahora sólo se ha observado una pequeña cantidad de calentamiento en los últimos 100 años. Este escenario puede equipararse al del coche en la cima de una colina: se necesita cierto esfuerzo y, por tanto, tiempo para empujar el coche hasta el borde de la colina; éste es el efecto amortiguador. Una vez que el coche ha llegado al borde, se necesita muy poco para empujarlo, y entonces acelera colina abajo con o sin tu ayuda. Una

vez que llega al fondo, el coche continúa durante algún tiempo, lo que constituye el rebasamiento, y luego frena por sí mismo y se asienta en un nuevo estado.

4. (d) Respuesta de umbral. En este caso, inicialmente, no hay ninguna o muy poca respuesta en el sistema climático al forzamiento; sin embargo, toda la respuesta tiene lugar en un periodo de tiempo muy corto en un gran paso o umbral. En muchos casos, la respuesta puede ser mucho mayor de lo que cabría esperar por la magnitud del forzamiento, lo que puede denominarse un rebasamiento de la respuesta. Este es el escenario que más nos preocupa, ya que los umbrales son muy difíciles de modelar y, por tanto, de predecir. Sin embargo, los umbrales han sido muy comunes en el estudio de los climas del pasado, con rápidos cambios climáticos regionales de más en unas pocas décadas. Este escenario equivale al autobús que se descuelga por el acantilado al final de la película original *The Italian Job*; mientras haya cambios muy pequeños, no pasa nada. Sin embargo, se alcanza un punto crítico (en este caso el

peso) y el autobús (y el oro) se precipitan por el acantilado al barranco que hay debajo.

Aunque se trata de modelos puramente teóricos sobre cómo puede responder el sistema climático global, es importante tenerlos en cuenta al revisar los posibles escenarios del futuro cambio climático. Además, son importantes cuando consideramos por qué diferentes personas ven futuros de calentamiento global diferentes a pesar de tener todos acceso a la misma información. Depende de cuál de los escenarios mencionados crean que se producirá. Una complicación añadida al evaluar el cambio climático es la posibilidad de que los umbrales climáticos contengan bifurcaciones. Esto significa que el forzamiento necesario para atravesar el umbral en un sentido es diferente al inverso. Esto implica que, una vez que se ha producido un umbral climático, es mucho más difícil revertirlo. La bifurcación del sistema climático se ha deducido a partir de modelos oceánicos que imitan el impacto del agua dulce en el Atlántico Norte sobre la circulación mundial de aguas profundas.

Hemos visto que hay pruebas claras de que las concentraciones de gases de efecto invernadero en la atmósfera han aumentado desde la revolución industrial del siglo XVIII.

El consenso científico actual es que los cambios en las concentraciones de gases de efecto invernadero en la atmósfera provocan cambios en la temperatura global. Sin embargo, el mayor problema de la hipótesis del calentamiento global es entender hasta qué punto es sensible el clima global al aumento de los niveles de dióxido de carbono atmosférico.

Incluso si lo estableciéramos, la predicción del cambio climático es compleja porque abarca muchos factores diferentes, que responden de forma distinta cuando la atmósfera se calienta, como los cambios regionales de temperatura, el deshielo de los glaciares y las capas de hielo, el cambio relativo del nivel del mar, los cambios en las precipitaciones, la intensidad y las trayectorias de las tormentas, El Niño e incluso la circulación oceánica. Este vínculo entre el calentamiento global y el cambio climático se complica aún más por el hecho de que cada parte del sistema climático global tiene diferentes tiempos de respuesta. Por ejemplo, la atmósfera puede responder a cambios externos o internos en un día, pero el océano profundo puede tardar décadas en responder, mientras que la vegetación puede alterar su estructura en unas pocas semanas (por ejemplo, cambiar la cantidad de hojas) pero su composición (por ejemplo, cambiar los tipos de plantas) puede tardar hasta un siglo en cambiar. A esto hay que añadir la posibilidad de que los forzamientos naturales sean cíclicos; por ejemplo, hay pruebas fehacientes de que los ciclos de las manchas solares pueden afectar al clima tanto a escala decenal como a escala de un siglo. También hay pruebas de que desde el comienzo de nuestro actual período interglacial, los últimos 10.000 años, ha habido enfriamientos climáticos cada 1.500 500 años, de los cuales la Pequeña Edad de Hielo fue el último.

La Pequeña Edad de Hielo comenzó en el siglo XVII y terminó en el XVIII, y se caracterizó por una caída de 0,5-1C en las temperaturas de Groenlandia, un cambio significativo en las corrientes alrededor de Islandia, y una caída de la temperatura de la superficie del mar en la costa de África Occidental, en la subida de las Bermudas y, por supuesto, ferias de hielo en el río Támesis en Londres, todo ello debido al cambio climá-

tico natural. Por lo tanto, tenemos que separar la variabilidad natural del clima del calentamiento global.

Tenemos que entender cómo interactúan las diferentes
partes del sistema climático, recordando que todas ellas
tienen tiempos de respuesta diferentes. Tenemos que
entender qué tipo de cambio climático se producirá, y
si será gradual o catastrófico. También tenemos que
entender cómo se verán afectadas las distintas regiones
del mundo; por ejemplo, se sugiere que los gases de
efecto invernadero adicionales calentarán más los polos
que los trópicos.

2

Breve historia de la hipótesis del calentamiento global

Los científicos predicen que el calentamiento global podría calentar el planeta entre 1,4 y 5.8°C en los próximos 100 años, causando enormes problemas a la humanidad. Ante tal amenaza, es esencial comprender la historia de la teoría del calentamiento global y las pruebas que la apoyan. ¿Puede el futuro ser realmente tan sombrío como predicen los científicos?

Todo este debate sobre la teoría del calentamiento global y sus posibles impactos, más que cualquier otra controversia en la ciencia, demuestra la humanidad de los científicos y la política de las nuevas ideas científicas. Y es que, a pesar de la visión hollywoodense de los científicos, no somos máquinas lógicas como el Sr.

Spock de *Star Trek*, ni científicos locos como el Dr. Frankenstein, sino individuos muy motivados. Aunque debo admitir que me gusta el retrato heroico de un "paleoclimatólogo" en El *día después de mañana*; si realmente fuéramos así. Así que hay que recordar que el dinero no es la principal fuerza motriz de la ciencia; más bien es la curiosidad manchada por la ambición, el ego y la perspectiva de la fama.

Así que, por favor, despréndase de la imagen de los científicos divorciados del mundo que les rodea. La historia de la hipótesis del calentamiento global muestra claramente que la ciencia está profundamente influenciada por la sociedad y viceversa. Así que lo que descubrimos es que la ciencia esencial del calentamiento global se llevó a cabo hace 50 años bajo la necesidad percibida de geociencias durante la Guerra Fría, pero no se tomó en serio como teoría hasta finales de la década de 1980. Espero darles una idea de por qué hubo un retraso tan significativo.

Hace ya más de cien años que se descubrió oficialmente el calentamiento global. El trabajo pionero realizado en 1896 por el científico sueco Svante Arrhenius, y la posterior confirmación independiente de Thomas Chamberlin, calcularon que la actividad humana podía calentar sustancialmente la Tierra añadiendo dióxido de carbono a la atmósfera.

Esta conclusión fue el subproducto de otras investigaciones, cuyo principal objetivo era ofrecer una teoría según la cual la disminución del dióxido de carbono explicaría las causas de las grandes edades de hielo, una teoría que todavía se mantiene, pero que tuvo que esperar hasta 1987 para que los resultados del núcleo de hielo del Antártico Vostok confirmaran el papel fundamental del CO_2 atmosférico en el control del clima global del pasado.

Sin embargo, nadie más retomó el tema de investigación, por lo que tanto Arrhenius como Chamberlin se dedicaron a otros retos.

Esto se debió a que los científicos de la época consideraban que había tantas otras influencias en el clima global, desde las manchas solares hasta la circulación de los océanos, que las influencias humanas menores se consideraban insignificantes en comparación con las poderosas fuerzas de la astronomía y la geología. Esta idea se vio reforzada por las investigaciones de la década de 1940, que desarrollaron la teoría de que los cambios en la órbita de la Tierra alrededor del sol controlaban el aumento y la disminución de las grandes edades de hielo. Una segunda línea de argumentación era que, dado que hay 50 veces más dióxido de carbono en los océanos que en la atmósfera, se conjeturaba que "el mar actúa como un gran ecualizador", es decir, que el océano limpiaría nuestra contaminación.

Este punto de vista despectivo recibió su primer golpe cuando en la década de 1940 se produjo una mejora significativa en la espectroscopia de infrarrojos, la técnica utilizada para medir la radiación de onda larga. Hasta la década de 1940, los experimentos habían demostrado que el dióxido de carbono bloqueaba la transmisión de la radiación infrarroja de "onda larga" del tipo que emite la Tierra. Sin embargo, los experimentos mostraron que había muy pocos cambios en esta intercepción si la cantidad de dióxido de carbono se duplicaba o se reducía a la mitad. Esto significa que incluso pequeñas cantidades de dióxido de carbono podían bloquear la radiación de forma tan completa que añadir más gas apenas suponía una diferencia. Además, el vapor de agua, que es mucho más abundante que el dióxido de carbono, bloquea la radiación de la misma manera y, por lo tanto, se cree que es más importante.

Durante la Segunda Guerra Mundial se produjo una gran mejora de la tecnología y se volvieron a realizar las antiguas mediciones de la interceptación de la radiación del dióxido de carbono. En los experimentos originales se utilizó la presión a nivel del mar, pero se descubrió que a las presiones raras de la atmósfera superior no se producía la absorción general y, por tanto, la radiación podía atravesar la atmósfera superior y llegar al espacio. Esto demostró que el aumento de la cantidad de dióxido de carbono provocaba una mayor absorción de la radiación. Además, se descubrió que el vapor de agua absorbía otros tipos de radiación más que el dióxido de carbono y, para colmo, también se descubrió que la estratosfera, la parte superior de la atmósfera, estaba muy seca. Estos trabajos se unieron en 1955 gracias a los cálculos de Gilbert Plass, que llegó a la conclusión de que si se añadía más dióxido de carbono a la atmósfera se interceptaría más radiación infrarroja, evitando que se perdiera en el espacio y calentando así el planeta.

. . .

Esto seguía siendo el argumento de que los océanos absorberían el dióxido de carbono adicional producido antropogénicamente. Las primeras pruebas nuevas llegaron en la década de 1950 y demostraron que la vida media de una molécula de dióxido de carbono en la atmósfera antes de disolverse en el mar era de unos diez años. Como el vuelco de los océanos tarda varios cientos de años, se suponía que el dióxido de carbono extra quedaría encerrado en los océanos de forma segura. Pero Roger Revelle (director del Instituto Scripps de Oceanografía de California) se dio cuenta de que era necesario no sólo saber que una molécula de dióxido de carbono era absorbida al cabo de diez años, sino preguntarse qué pasaba con ella después. ¿Se quedaba allí o volvía a difundirse en la atmósfera? ¿Cuánto CO_2 adicional podían retener los océanos?

Los cálculos de Revelle demostraron que la complejidad de la química de la superficie del océano es tal que devuelve gran parte del dióxido de carbono que absorbe. Esto fue una gran revelación y demostró que, debido a las peculiaridades de la química oceánica, los océanos no serían el sumidero completo de dióxido de carbono antropogénico que se pensaba. Este principio sigue siendo válido, aunque la cantidad exacta de dióxido de carbono antropogénico que absorben los océanos al año sigue siendo objeto de debate. Se cree que es de unas 2 gigatoneladas, casi un tercio de la producción antropogénica total anual.

Charles Keeling, contratado por Roger Revelle, dio el siguiente paso importante en el debate sobre el calentamiento global. A finales de los años 50 y principios de los 60, Keeling utilizó la tecnología más moderna disponible para medir la concentración de CO_2 atmosférico en la Antártida y en Mauna Loa. Las curvas de CO_2 de Keeling resultantes han seguido subiendo ominosamente cada año desde la primera medición en 1958 y se han convertido en uno de los principales iconos del calentamiento global.

Spencer Weart, director del Centro de Historia de la Física del Instituto Americano de Física, sostiene que todos los datos científicos sobre el aumento del CO_2 atmosférico y el posible calentamiento global se reunieron a finales de los años cincuenta y principios de los sesenta. Sostiene que sólo gracias a que las geociencias físicas se vieron favorecidas financieramente en el entorno de la Guerra Fría se completó gran parte del trabajo fundamental sobre el calentamiento global.

Gilbert Plass publicó un artículo en 1959 en *Scientific American en el* que declaraba que la temperatura del mundo aumentaría 3°C a finales de siglo. Los editores de la revista publicaron una fotografía que acompañaba al artículo, en la que se veía el humo del carbón que salía de las fábricas y el pie de foto decía: "El hombre altera el equilibrio de los procesos naturales al añadir miles de millones de toneladas de dióxido de carbono a la atmósfera cada año". Esto se parece a miles de artículos de revistas, noticias de televisión y documentales que todos hemos visto desde finales de la década de 1980. Entonces, ¿por qué hubo un retraso entre la aceptación de la ciencia del calentamiento global a finales de los años 50 y principios de los 60 y la repentina toma de conciencia de la verdadera amenaza del calentamiento global a finales de los 80?

Las principales razones del retraso en el reconocimiento de la amenaza del calentamiento global fueron, en primer lugar, la potencia del conjunto de datos de la temperatura media global y, en segundo lugar, la necesidad de que surgiera una conciencia medioambiental global. El conjunto de datos de la temperatura media global se calcula a partir de la temperatura de la tierra-aire y de la superficie del mar. Desde 1940 hasta mediados de la década de 1970, la curva de temperatura global parece haber tenido una tendencia general a la baja. Esto provocó que muchos científicos discutieran si la Tierra estaba entrando en la próxima gran edad de hielo. Este temor se desarrolló, en parte, debido a que en la década de 1970 se tomó conciencia de lo variable que había sido el clima mundial en el pasado.

El tema emergente de la paleoceanografía (estudio de los océanos del pasado) demostró, a partir de sedimentos de las profundidades marinas, que hubo al menos 32 ciclos glaciares-interglaciares (frío-calor) en los últimos dos millones y medio de años, y no cuatro como se había supuesto anteriormente. La resolución temporal de estos estudios era baja, por lo que no había posibilidad de estimar la rapidez con la que iban y venían las épocas glaciales, sino su regularidad. Esto llevó a muchos científicos y a los medios de comunicación a ignorar las revelaciones científicas de los años 50 y 60 en favor del enfriamiento global.

. . .

No fue hasta principios de la década de 1980, cuando la curva de la temperatura media anual global empezó a aumentar, que se cuestionó la hipótesis del enfriamiento global. A finales de la década de 1980, la curva de la temperatura media anual global aumentó tanto que todas las pruebas latentes de finales de la década de 1950 y de la década de 1960 cobraron protagonismo y la teoría del calentamiento global entró en pleno apogeo. Lo intrigante es que algunos de los defensores más acérrimos de la teoría del calentamiento global fueron también los responsables de crear la preocupación por la inminente edad de hielo. En *The Genesis Strategy*, en 1976, Stephen Schneider subrayó que la tendencia al enfriamiento global se había establecido; ahora es uno de los principales defensores del calentamiento global. En 1990 declaró que "el ritmo de cambio [del calentamiento] es tan rápido que no dudo en calificar ese tipo de cambio como potencialmente catastrófico para los ecosistemas".

¿Por qué la histeria? John Gribbin (1989) describe muy bien la transición en su libro *In Hothouse Earth: the Green-*

house Effect and Gaia. En 1981 era posible retroceder y echar un vistazo a los registros de 1880 a 1980. . .

En 1987, las cifras se actualizaron hasta 1985, con el fin de añadir media década más a los registros. Pero a principios de 1988, un año más de datos justificaba otra publicación en abril, sólo cuatro meses después de las últimas mediciones de 1987, señalando el récord de calor que se estaba alcanzando. Incluso allí, Hansen [James Hansen, jefe del equipo de la NASA que estudia las tendencias de la temperatura global] y Lebedeff se mostraron cautelosos a la hora de establecer la conexión con el efecto invernadero, limitándose a decir que se trataba de "un tema que va más allá del alcance de este artículo". Pero en los cuatro meses que habían tardado en publicar los datos de 1987, el mundo había cambiado de nuevo; sólo unas semanas después, Hansen decía al Senado de Estados Unidos que los primeros cinco meses de 1988 habían sido más cálidos que cualquier otro período comparable desde 1880, y que el efecto invernadero estaba sobre nosotros.

Parece, por tanto, que todo el tema del calentamiento global fue impulsado por el repunte del conjunto de datos de la temperatura media anual global. Esto en sí mismo es interesante porque algunos científicos a principios de la década de 1990 creían que se trataba de un conjunto de datos dudosos porque: (1) muchas de las estaciones de control terrestre han sido rodeadas posteriormente por zonas urbanas, aumentando así los registros de temperatura debido al efecto de isla de calor urbana, (2) ha habido cambios en las formas de medir la temperatura del agua del mar por parte de los barcos, (3) no había una explicación adecuada para la tendencia al enfriamiento en la década de 1970, (4) los datos de los satélites no mostraban una tendencia al calentamiento desde la década de 1970 hasta la de 1990, y (5) los modelos de calentamiento global han sobreestimado el calentamiento que debería haber ocurrido en el hemisferio norte en los últimos 100 años.

Desde principios de la década de 1990 se han tenido en cuenta la isla de calor urbana y las variaciones en las mediciones de la temperatura del mar.

Ahora sabemos que la tendencia al enfriamiento de los años 70 se debe a la influencia decenal del ciclo de manchas solares.

Resulta que los resultados de los satélites eran espurios por una serie de razones y una mayor comprensión del sistema y los datos recalibrados muestran una tendencia significativa al calentamiento. Por último, se descubrió que otros contaminantes, como los aerosoles de dióxido de azufre, han estado enfriando regiones industriales del planeta, y como los modelos de principios de los 90 no los tenían en cuenta, estaban sobreestimando la cantidad de calentamiento. Así, el último informe científico del IPCC de 2001 ha revisado y sintetizado una amplia gama de conjuntos de datos y muestra que, esencialmente, la tendencia de los datos de temperatura es correcta, y que esta tendencia al calentamiento ha continuado sin interrupción hasta el día de hoy. De hecho, sabemos que 1998 fue el año más cálido registrado en todo el mundo, mientras que 2002 fue el segundo, 2003 el tercero, 2001 el cuarto y 1997 el quinto más cálido. De hecho, los diez años más cálidos registrados se han producido desde 1990.

El repunte de los datos de la temperatura media anual global no fue la única razón de la aparición del tema del calentamiento global. Durante la década de 1980 también se produjo un intenso impulso para comprender el cambio climático del pasado.

· · ·

Se lograron importantes avances en la obtención de registros climáticos del pasado de alta resolución a partir de sedimentos marinos profundos y núcleos de hielo. Así, se comprendió que los periodos glaciares, o edades de hielo, tardan decenas de miles de años en producirse, sobre todo porque las capas de hielo se acumulan muy lentamente y son naturalmente inestables. En cambio, la transición a un periodo más cálido o interglacial, como el actual, es geológicamente muy rápida, del orden de un par de miles de años. Esto se debe a que una vez que las capas de hielo comienzan a derretirse hay una serie de retroalimentaciones positivas que aceleran el proceso, como la subida del nivel del mar, que puede socavar y destruir grandes capas de hielo. La comunidad paleoclimática se dio cuenta de que el calentamiento global es mucho más fácil y rápido que el enfriamiento. También puso fin al mito de la próxima edad de hielo inminente. Como se ha demostrado que los periodos glaciares-interglaciares de los últimos dos millones y medio de años han sido forzados por los cambios en la órbita de la Tierra alrededor del sol, sería posible predecir cuándo comenzará el próximo periodo glaciar, si no hubiera efectos antropogénicos de por medio. Según las predicciones del modelo de Berger y Loutre (2002), de la Universidad Católica de Lovaina (Bélgica), no hay que preocuparse por otra glaciación hasta dentro de 5.000 años. De hecho, si su modelo es correcto y las concentraciones atmosféricas de dióxido de carbono se duplican, el calentamiento global pospondría la siguiente edad de hielo durante otros 45.000 años. Los trabajos sobre el paleoclima también nos han proporcionado una visión preocupante sobre el funcionamiento del sistema climático. Los trabajos recientes sobre los núcleos de hielo y los sedimentos de las profundidades marinas demuestran que pueden producirse cambios climáticos regionales de al menos en cuestión de décadas.

Estos trabajos de reconstrucción del clima del pasado parecen demostrar que el sistema climático mundial no es benigno, sino muy dinámico y propenso a cambios rápidos.

El siguiente cambio que se produjo durante la década de 1980 fue una expansión masiva del movimiento ecologista, especialmente en Estados Unidos, Canadá y el Reino Unido, en parte como reacción a los gobiernos de derechas de la década de 1980 y a la expansión de la economía de consumo y en parte debido al creciente número de historias relacionadas con el medio ambiente en los medios de comunicación. Esto anunció una nueva era de conciencia medioambiental global y de ONGs (Organizaciones No Gubernamentales) transnacionales.

Las raíces de esta creciente conciencia medioambiental se remontan a una serie de hitos clave, como la publicación de *Primavera Silenciosa* de Rachel Carson en 1962, la imagen de la Tierra vista desde la Luna en 1969, el informe del Club de Roma de 1972 sobre *los límites del crecimiento*, el accidente del reactor nuclear de Three Mile Island en 1979, el accidente nuclear de Chernóbil en 1986 y el vertido de petróleo *del Exxon Valdez* en 1989. Pero todos estos problemas medioambientales eran de carácter regional, es decir, limitados geográficamente a la zona específica en la que se produjeron.

Fue el descubrimiento en 1985 por parte del British Antarctic Survey de la disminución del ozono sobre la Antártida lo que demostró la conectividad global de nuestro medio ambiente. El "agujero" de la capa de ozono también tuvo una causa internacional tangible, el uso de CFC, que dio lugar a un área política totalmente nueva, la gestión internacional del medio

ambiente. Siguieron una serie de acuerdos clave, el
Convenio de Viena para la Protección de la Capa de
Ozono de 1985, el Protocolo de Montreal sobre
Sustancias que Agotan la Capa de Ozono de 1987 y los
Ajustes y Enmiendas al Protocolo de Londres de 1990 y
Copenhague de 1992. Estos se han puesto como ejemplos de éxito de la diplomacia medioambiental. El
cambio climático ha tenido un desarrollo más lento en
la política internacional y se ha conseguido mucho
menos en términos de regulación y aplicación. Esto se
debe, en su nivel más simplista, a las grandes incertidumbres inherentes a la ciencia y a los mayores costes
económicos implicados.

La otra razón para la aceptación de la hipótesis del
calentamiento global fue el intenso interés de los
medios de comunicación a lo largo de los años 80 y 90.
Y es que la hipótesis del calentamiento global era
perfecta para los medios de comunicación: una historia
dramática sobre el fin del mundo tal y como lo conocemos, con una importante controversia sobre si era
siquiera cierta. Anabela Carvalho, ahora en la Universidad de Minho (Braga, Portugal), ha realizado un
fascinante estudio sobre la prensa británica de calidad
de la cuestión del calentamiento global entre 1985 y

1997. Se centró especialmente en The *Guardian* y *The Times* y descubrió que durante este periodo promovían visiones del mundo muy diferentes. Curiosamente, a pesar de sus diferentes puntos de vista, el número de artículos publicados al año por los periódicos británicos de calidad (de gran tirada) siguió un patrón similar y alcanzó su punto máximo cuando se publicaron informes clave del IPCC o se celebraron conferencias internacionales sobre el cambio climático.

Pero es la naturaleza de estos artículos la que muestra cómo se construyó el debate sobre el calentamiento global en los medios de comunicación. Desde finales de la década de 1980, *The Times*, que publicó la mayoría de los artículos sobre el calentamiento global en 1989, 1990 y 1992, puso en duda las afirmaciones sobre el cambio climático. Hubo un intento recurrente de promover la desconfianza en la ciencia, mediante estrategias de generalización, de desacuerdo dentro de la comunidad científica y, sobre todo, de descrédito de los científicos y las instituciones científicas. La mayoría de los medios de comunicación estadounidenses adoptaron un punto de vista muy similar durante gran parte de la década de 1990. De hecho, se ha afirmado que este enfoque de los medios de comunicación estadounidenses ha provocado una barrera entre los científicos y el público en Estados Unidos. En el Reino Unido, el periódico The Guardian adoptó el enfoque contrario al de *The Times*.

Aunque el *Guardian* dio espacio al aspecto técnico del debate, pronto empezó a discutir las afirmaciones científicas en un contexto más amplio. A medida que disminuía la incertidumbre científica sobre el aumento del efecto invernadero durante la década de 1990, The *Guardian* avanzó de forma coherente en una estrategia de fomento de la confidencia en la ciencia, haciendo hincapié en el consenso como medio para aumentar la fiabilidad del conocimiento. Esto se debió a que el *Guardian* entendió y promovió una de las bases fundamentales de la ciencia, que es que una teoría, como el calentamiento global, sólo puede ser aceptada o rechazada por el peso de las pruebas. Así que, a medida que las pruebas de muchos ámbitos científicos diferentes siguen apoyando la teoría del calentamiento global, nuestra confianza en la teoría debería aumentar.

Lejos de pintar la ciencia como "pura" o "correcta", el *Guardian* la politizó para demostrar el sesgo inherente a toda ciencia. De este modo, demostró claramente que muchas de las afirmaciones sobre el cambio climático estaban siendo erosionadas por la presión de los grupos de presión, principalmente asociados a la industria de los combustibles fósiles. Esta politización de la ciencia permitió a *The Guardian* reforzar la confianza de sus lectores en la ciencia. Además, transmitieron con claridad las incertidumbres que encierra la ciencia de la hipótesis del calentamiento global y fueron y son partidarios del principio de precaución. A través de este filtro mediático, los científicos trataron de hacer avanzar su particular visión del calentamiento global, ya sea reclamando más investigación o promoviendo determinadas opciones políticas.

A partir de finales de la década de 1980, los científicos se volvieron muy hábiles en la puesta en escena de sus actuaciones en los medios de comunicación, y está claro que la aceptación general de la hipótesis del calentamiento global se debe en parte a su continuo esfuerzo por comunicar sus hallazgos. De hecho, tanto las posturas escépticas como las de apoyo de *The Times* y *The Guardian*, respectivamente, legitimaron tanto el debate sobre el calentamiento global que el público se dio cuenta de que no se trataba de una noticia de un día para otro, sino de algo que ha pasado a formar parte del tejido mismo de nuestra sociedad.

Parece que los medios de comunicación también han influenciado nuestro uso de las palabras. A partir de 1988, el uso de las expresiones "calentamiento global" y "cambio climático" ganó adeptos, mientras que "efecto invernadero" perdió su atractivo y en 1997 apenas se mencionaba.

El cambio de terminología se reflexiona en este libro. El título es *Calentamiento Global*, ya que todo el mundo sabe lo que significa, y las principales discusiones de este libro versan sobre el cambio climático que podría inducir.

Así, combinando (1) la ciencia del calentamiento global realizada esencialmente a mediados de los años 60, (2) el aterrador repunte del conjunto de datos de la temperatura global a finales de los años 80, (3) nuestro mayor conocimiento de cómo ha reaccionado el clima en el pasado a los cambios en el dióxido de carbono atmosférico en los años 80, (4) la aparición de la conciencia medioambiental global a finales de los años 80, y (5) el salvaje interés de los medios de comunicación por la naturaleza confrontativa del debate, nos lleva al reconocimiento final de la hipótesis del calentamiento global. Esto ha culminado en que miles de científicos se vuelquen en el problema para tratar de demostrar que es correcto o incorrecto. Los hitos desde entonces han sido la creación del Grupo Intergubernamental de Expertos sobre el Cambio Climático (IPCC) en 1988 por el Grupo de Expertos de las Naciones Unidas sobre el Medio Ambiente y la Organización Meteorológica Mundial; la publicación de informes clave del IPCC en 1990, 1996 y 2001; la firma formal de la Convención Marco de las Naciones Unidas sobre el Cambio Climático (CMNUCC) en la Cumbre de la Tierra de Río de Janeiro en 1992; la posterior Conferencia de las Partes (COP) en Kioto en 1998, donde se aceptaron formalmente los Protocolos de la CMNUCC, y luego en Bonn en julio de 2001, donde los llamados Protocolos de "Kioto" fueron acordados por 186 países.

3

¿Cuáles son las pruebas del cambio climático?

EL CAMBIO climático en el pasado geológico se ha reconstruido utilizando una serie de archivos clave, como sedimentos marinos y lacustres, núcleos de hielo, depósitos en cuevas y anillos de árboles. Estos registros revelan que, en los últimos 100 millones de años, el clima de la Tierra se ha ido enfriando, pasando del llamado "mundo invernadero" del Cretácico, cuando los dinosaurios disfrutaban de unas condiciones cálidas y suaves, al "mundo glacial", más frío y dinámico, de la actualidad. Puede parecer extraño que, en términos geológicos, nuestro planeta sea relativamente frío, mientras que todo este libro se ocupa de nuestros grandes temores al calentamiento global. Esto se debe a que, incluso hoy en día, tenemos enormes capas de hielo tanto en la Antártida como en Groenlandia y hielo marino casi permanente en el Océano Ártico.

Así que, en comparación con la época de los dinosaurios, cuando no había enormes capas de hielo, vivimos en tiempos fríos.

Esta transición a largo plazo, de 100 millones de años, hacia unas condiciones climáticas más frías a nivel mundial fue impulsada principalmente por cambios tectónicos, como la apertura de la puerta de entrada de Tasmania a la Antártida y el paso de Drake, que aislaron a la Antártida del resto del mundo, el levantamiento del Himalaya y el cierre de la puerta oceánica de Panamá. También hay pruebas geológicas de que los niveles de dióxido de carbono atmosférico han disminuido significativamente en los últimos 100 millones de años.

Estos cambios culminaron con la glaciación de la Antártida hace unos 35 millones de años y luego con las grandes glaciaciones del hemisferio norte, que comenzaron hace 2,5 millones de años. Desde el comienzo de los grandes periodos glaciares del norte, el clima mundial ha pasado de condiciones similares o incluso ligeramente más cálidas que las actuales a periodos glaciares completos, que hicieron que se formaran capas de hielo de más de 3 km de espesor en gran parte de América del Norte y Europa. Entre 2,5 y hace 0,9 millones de años estos ciclos glaciares-interglaciares se producían cada 41.000 años y desde hace 0,9 millones de años se producen cada 100.000 años. Estos grandes ciclos de glaciación están impulsados principalmente por los cambios en la órbita de la Tierra con respecto al sol. De hecho, el mundo ha pasado más del 80% de los últimos 2,5 millones de años en condiciones más frías que las actuales. Nuestro actual período interglacial, el Holoceno, comenzó hace unos 10.000 años y es un ejemplo de las raras condiciones cálidas que se dan entre cada edad de hielo. El Holoceno comenzó con el rápido y dramático final de la última edad de hielo; en menos de 4.000 años las temperaturas globales aumentaron 6°C, el nivel relativo del mar subió 120 metros, el dióxido de carbono atmosférico aumentó un tercio y el metano atmosférico se duplicó.

Puede parecer extraño que en un libro sobre el calentamiento global se sugiera que actualmente estamos en un "mundo glacial" geológico. Sin embargo, se trata de un punto importante cuando analizamos las consecuencias del calentamiento del mundo, ya que, a pesar de estar en un periodo interglacial relativamente cálido, ambos polos siguen glaciados, lo que es un hecho poco frecuente en la historia geológica de nuestro planeta. La Antártida y Groenlandia están cubiertas por capas de hielo, y la mayor parte del océano Ártico está cubierta de hielo marino. Esto significa que hay mucho hielo que podría derretirse en un mundo más cálido y, como veremos, ésta es una de las mayores incógnitas que depara el futuro de nuestro planeta. Los dos polos glaciares también hacen que el gradiente o diferencia de temperatura entre los polos y el Ecuador sea extremadamente grande, desde una media de unos + 30°C en el Ecuador hasta −35°C o más fríos en los polos. Este gradiente de temperatura es una de las principales razones por las que tenemos un sistema climático, ya que el exceso de calor de los trópicos se exporta tanto a través de los océanos como de la atmósfera a los polos, lo que provoca nuestro clima. Desde el punto de vista geológico, actualmente tenemos uno de los mayores gradientes de temperatura entre el Ecuador y los polos, lo que da lugar a un sistema climático muy dinámico. Así que nuestras condiciones de "casa de hielo" causan nuestro muy energético sistema climático, que se caracteriza por huracanes, tornados, tormentas invernales extratropicales (templadas) y monzones. James Lovelock, en su libro "Las Edades de Gaia" (Nueva edición, 1995, p. 227), sugiere que los interglaciares, como el Período Holoceno, son el estado febril de nuestro planeta, que claramente durante los últimos 2,5 millones de años prefiere una temperatura media global más fría. Lovelock considera que el calentamiento global no es más que un añadido de la humanidad a la fiebre.

Sin embargo, el clima no ha sido constante durante nuestro interglacial, es decir, los últimos 10000 años. Las pruebas paleoclimáticas sugieren que el Holoceno temprano fue más cálido que el siglo XX. A lo largo del Holoceno se han producido eventos climáticos de escala milenaria, llamados ciclos de Dansgaard-Oeschger, que implican un enfriamiento local.

Estos eventos han tenido una influencia significativa en las civilizaciones clásicas; por ejemplo, el evento de frío árido de hace unos 4.000 años coincide con el colapso de muchas civilizaciones clásicas, como el Viejo Reino de Egipto. El último de estos ciclos climáticos milenarios fue la Pequeña Edad de Hielo. En realidad, se trata de dos períodos fríos; el primero sigue al Período Cálido Medieval, que terminó hace mil años, y al que a menudo se hace referencia como Periodo Frío Medieval. El periodo frío medieval contribuyó a la extinción de las colonias nórdicas en Groenlandia y provocó hambrunas y migraciones masivas en Europa. Comenzó gradualmente antes del año 1200 y terminó aproximadamente en el año 1650. El segundo período frío, más clásicamente denominado Pequeña Edad de Hielo, puede haber sido el cambio más rápido y de mayor envergadura en la región del Atlántico Norte durante el Holoceno tardío, como sugieren los registros de núcleos de hielo y sedimentos de aguas profundas. La reconstrucción de los registros de temperatura de los últimos mil años incluye la Pequeña Edad de Hielo y son datos esenciales para demostrar que los dos últimos siglos son muy diferentes de los ocho anteriores. Hay cuatro conjuntos de datos principales que han intentado reconstruir las temperaturas del hemisferio norte durante el último milenio: anillos de árboles, corales, núcleos de hielo, y/o la medición directa de las temperaturas del pasado a partir de sondeos.

En primer lugar, hay que señalar que los diferentes conjuntos de datos se comparan bien entre sí, lo que da

una mayor confidencia de que estamos viendo variaciones de temperatura reales en estas reconstrucciones.

En segundo lugar, los datos muestran que los siglos
anteriores a 1900 fueron mucho más fríos. También
muestran que el Período Cálido Medieval y la Pequeña
Edad de Hielo ocurrieron, pero que en gran parte del
hemisferio norte los cambios climáticos observados son
sólo pequeños, con la excepción del norte de Europa.
Sin estos datos, el conjunto de datos instrumentales de
temperatura de los últimos 150 años no tendría
contexto. Ahora se puede demostrar claramente que las
temperaturas, al menos en el hemisferio norte, han sido
más cálidas en el siglo XX que en cualquier otro
momento de los últimos mil años.

Los tres principales indicadores del calentamiento
global son la temperatura, las precipitaciones y el nivel
del mar. Uno de los principales objetivos de los científicos en las dos últimas décadas ha sido estimar cómo
han cambiado estos parámetros desde la revolución
industrial y ver si hay alguna prueba de que el calentamiento global sea el culpable. A continuación, se
presentan las pruebas de cada uno de estos parámetros.

. . .

Temperatura

Como hemos visto, se han reconstruido las temperaturas del hemisferio norte para los últimos mil años, lo que proporciona un contexto para el siglo XX.

Las temperaturas de los últimos 150 años se han estimado a partir de varias fuentes, tanto indicadores directos basados en termómetros como en proxies. ¿Qué es un proxy? Tal y como se utiliza aquí y en otros lugares, es la abreviatura de variable proxy. El término "proxy" se utiliza habitualmente para describir un sustituto, como en "voto por poder" o "lucha por poder". Del mismo modo, en el lenguaje de la climatología, el término "variable proxy" significa un "descriptor" medible que sustituye a una "variable" deseada (pero no observable), como la temperatura pasada del océano o de la tierra. Por lo tanto, se supone que se puede utilizar la variable proxy para estimar una variable climática que no se puede medir directamente. Así, como veremos a continuación, se puede utilizar el grosor de los anillos de los árboles para estimar las temperaturas terrestres del pasado; en este caso, el

grosor de los anillos de los árboles es una variable susti-
tutiva de la temperatura.

Los indicadores basados en termómetros incluyen la
temperatura de la superficie del mar (TSM), las temperaturas del aire marino (TMA), la temperatura del aire
de la superficie terrestre y las temperaturas de la atmósfera libre, como las medidas por los sensores de los
globos. Las mediciones de la temperatura de los pozos
de sondeo se definen como proxy porque, a pesar del
uso de mediciones directas de las temperaturas, éstas se
han alterado a lo largo del tiempo. Se requieren procedimientos de inversión matemática para traducir la
temperatura moderna de las perforaciones en cambios
de la temperatura del suelo a lo largo del tiempo. Otros
métodos basados en proxies son las mediciones por
satélite de infrarrojos y la anchura y el grosor de los
anillos de los árboles.

Las mediciones de la temperatura del aire basadas en
termómetros se han registrado en una serie de lugares de
América del Norte y Europa desde 1760. El número de
lugares de observación no aumenta hasta alcanzar una

cobertura geográfica mundial suficiente para permitir el cálculo de una media terrestre global hasta mediados del siglo XIX. La TSM y las temperaturas del aire marino fueron registradas sistemáticamente por los barcos a partir de mediados del siglo XIX, pero incluso hoy la cobertura del hemisferio sur es extremadamente pobre. Todos estos conjuntos de datos requieren diversas correcciones para tener en cuenta las condiciones cambiantes y las técnicas de medición. Por ejemplo, en el caso de los datos terrestres, se ha examinado cada estación para asegurarse de que las condiciones no han variado a lo largo del tiempo como consecuencia de los cambios en el lugar de medición, los instrumentos utilizados, los refugios de los instrumentos o la forma en que se calcularon las medias mensuales, o el crecimiento de las ciudades alrededor de los lugares, que da lugar a temperaturas más cálidas causadas por el efecto isla de calor urbano.

En el caso de la TSM y la TMA hay que aplicar una serie de correcciones. En primer lugar, hasta 1941 la mayoría de las mediciones de temperatura de la TSM se realizaban en agua de mar izada en cubierta en un cubo. Desde 1941, la mayoría de las mediciones se realizan en las tomas de agua de los motores de los barcos. En segundo lugar, entre 1856 y 1910 se pasó de los cubos de madera a los de lona, lo que cambia la cantidad de refrigeración causada por la evaporación que se produce al elevar el agua en cubierta.

Además, a lo largo de este periodo se produjo un cambio gradual de los barcos de vela a los de vapor, lo que alteró la altura de las cubiertas de los barcos y la velocidad de los mismos, factores que pueden afectar a la refrigeración por evaporación de los cangilones. La otra corrección clave que hay que hacer es la de la distribución global de las estaciones meteorológicas a lo largo del tiempo. El número de estaciones y su ubicación varían mucho de 1870 a 1960. Pero al hacer estas correcciones es posible producir un registro continuo de la temperatura del aire en la superficie terrestre y de la TSM para los últimos 130 años, que muestra un calentamiento global de 0.65°C ±0.05°C durante este período.

Lo interesante del conjunto de datos de temperatura de 130 años son los detalles, sobre todo los mencionados antes del enfriamiento observado en las décadas de 1960 y 1970. Una de las pruebas clave para los modelos climáticos, utilizados para predecir futuros cambios climáticos, es si pueden reproducir los cambios observados desde 1870. Estos modelos se analizan con más detalle en el siguiente capítulo, pero hay que señalar que sólo combinando el forzamiento natural (como los ciclos solares de 11 años y los aerosoles estratosféricos procedentes de erupciones volcánicas explosivas), y el antropogénico (gases de efecto invernadero y aerosoles de azufre) se puede simular el registro de temperaturas.

Desde hace 40 años se dispone de datos de globos. En 1958 se creó una red inicial de 540 estaciones para soltar rawindsondes, o globos, que se soltaban regularmente para medir la temperatura, la humedad relativa y la presión a través de la atmósfera hasta una altura de unos 20 km, donde estallaban.

En la década de 1970 la red había crecido hasta 700-800 estaciones que informaban dos veces al día. El conjunto de datos de los globos muestra un calentamiento general de la superficie y de la troposfera inferior en los últimos 30 años de aproximadamente 0,1-0,2 C/10 años, mientras que se observa un débil enfriamiento en la troposfera superior y un fuerte enfriamiento en la estratosfera.

Los registros indirectos basados en satélites han estado disponibles durante los últimos 20 años y han sido la fuente de algunas controversias clave en el debate sobre el calentamiento global.

La ventaja de los sensores de microondas montados en satélites es que tienen una cobertura global, a diferencia de los globos, que son predominantemente terrestres y se encuentran en el hemisferio norte. Sin embargo, el conjunto de datos de microondas presenta algunos problemas importantes. En primer lugar, el registro de temperatura se basa en ocho satélites diferentes y, a pesar de que los tiempos de medición se solapan, la intercalibración entre los distintos instrumentos es problemática.

En segundo lugar, existe una tendencia de calentamiento espuria después de 1990 de 0,03-0,04 C que se debe a una deriva en los tiempos orbitales, y una tendencia de

enfriamiento espuria de 0,12 Celsius debido a la reducción de la altitud o altura de los satélites causada por la
fricción con la atmósfera. En tercer lugar, la altura
dentro de la atmósfera a la que el sensor de microondas
mide la temperatura se ve afectada por la cantidad de
cristales de hielo y gotas de lluvia en la atmósfera.

Por lo tanto, si el planeta se está calentando, la
humedad se encontrará a gran altura, y el sensor de
microondas mediría de hecho la temperatura mucho
más arriba en la atmósfera, es decir, en las partes más
frías de la troposfera, dando así un aumento de la
temperatura menor del que realmente se produjo. No
es de extrañar que los informes sobre las tendencias de
la temperatura global registradas por satélite durante
los últimos 30 años hayan cambiado, ya que cada
nuevo documento publicado contiene otra corrección
que debe ser considerada. Por ejemplo, hubo una gran
controversia cuando Christy y compañía dedujeron una
tendencia de enfriamiento medio global de 0,05 Celsius
para el periodo 1979-94, pero obtuvieron una
tendencia de calentamiento de 0,09 Celsius durante
este periodo eliminando los efectos de El Niño y el
efecto climático de la erupción del Monte Pinatubo.
Cuando el conjunto de datos se corrige para tener en
cuenta la disminución de la altitud de los satélites, el
enfriamiento medio global se convierte en un calenta-

miento de 0,07° por década. Si se comparan los datos de los globos, de la superficie y de los satélites, hay cierta coincidencia y se observa que la superficie y la troposfera inferior se han ido calentando, mientras que la estratosfera se ha ido enfriando. En Harvey (2000) se puede encontrar un excelente resumen de las correcciones que se han hecho a cada conjunto de datos y por qué se han aplicado.

El Grupo Intergubernamental de Expertos sobre el Cambio Climático (IPCC) ha recopilado todas las temperaturas publicadas de la superficie terrestre del aire y del mar desde 1861 hasta 1998, con todas las correcciones comentadas anteriormente. Estos datos se muestran en relación con la temperatura media entre 1961 y 1990. Se puede ver que se ha producido un fuerte calentamiento desde el comienzo de la década de 1980.

La temperatura media de la superficie del planeta ha aumentado entre 0,3 y 0.6°C desde finales del siglo XIX. Incluyendo las pruebas de los globos y los satélites, parece haber un aumento de 0,2 a 0.3°C en los últimos 40 años, que es el periodo con datos más fiables. Los últimos años han sido de los más cálidos desde 1860, el periodo del que se dispone de registros instrumentales. Este calentamiento es evidente tanto en las temperaturas de la superficie del mar como en las de la tierra.

Los indicadores indirectos, como las temperaturas de los pozos de sondeo y la contracción de los glaciares, apoyan de forma independiente el calentamiento observado. También hay que señalar que el calentamiento no ha sido globalmente uniforme.

El calentamiento reciente ha sido mayor entre las latitudes 40°N y 70°N, aunque algunas zonas, como el Océano Atlántico Norte, se han enfriado en las últimas décadas.

Existen dos conjuntos de datos sobre precipitaciones a nivel mundial: "Hulme" y la "Global Historical Climate Network" (GHCN). Lamentablemente, a diferencia de la temperatura, los registros de las precipitaciones y la nieve no están tan bien documentados y los registros no se han realizado durante tanto tiempo. También se sabe que las precipitaciones sobre la tierra tienden a subestimarse hasta en un 10-15% debido a los efectos del flujo de aire alrededor de la antena colectora. La constatación y corrección gradual de este efecto ha producido una tendencia al alza espuria en la precipitación global.

Después de la corrección, hay un aumento global de las precipitaciones del 1% sobre la tierra, que es tan pequeño que no puede distinguirse de cero, es decir, de ningún cambio. Una visión detallada sugiere que, tomando una media sobre la superficie terrestre, la precipitación aumentó desde principios de siglo hasta aproximadamente 1960, pero ha disminuido desde aproximadamente 1980. Pero, una vez más, al igual que con los principales conjuntos de datos clave relativos al calentamiento global, tenemos una enorme laguna, que se debe a la falta de datos sobre las precipitaciones en los océanos. Sin embargo, lo que se observa son algunos cambios significativos en el lugar donde se han producido las precipitaciones. Parece que las precipitaciones han aumentado sobre la tierra en las latitudes altas del hemisferio norte, especialmente durante la estación fría. Un estudio también sugirió que hubo un aumento en la cantidad de lluvia caída durante los eventos de lluvia intensa, especialmente en los Estados Unidos, la antigua Unión Soviética y China. A partir de la década de 1960 se produjo una disminución de las precipitaciones en los subtrópicos y los trópicos desde África hasta Indonesia. Estos cambios son coherentes con los análisis de datos disponibles sobre los cambios en el flujo de los arroyos, los niveles de los lagos y la superficie del suelo. En cuanto a las nevadas, la Antártida sale ganando con un aumento del 5-20% en las dos últimas décadas, mientras que Groenlandia ha perdido cerca del 20% de su acumulación de nieve en los últimos 50 años.

El IPCC también ha reunido un conjunto de datos clave sobre el nivel del mar. En general, muestra que en los últimos 100 años el nivel del mar en el mundo ha subido entre 4 y 14 cm.

Pero el cambio del nivel del mar es difícil de medir, ya que los cambios relativos del nivel del mar se han obtenido principalmente a partir de los datos de los mareógrafos. En el sistema convencional de mareógrafos, el nivel del mar se mide en relación con un punto de referencia terrestre. El principal problema es que la superficie terrestre es mucho más dinámica de lo que cabría esperar, con muchos movimientos verticales, y éstos se incorporan a las mediciones. Los movimientos verticales pueden producirse como resultado de la compactación geológica normal de los sedimentos de los deltas, la extracción de aguas subterráneas de los acuíferos costeros (ambos casos se tratan con más detalle en el capítulo 4, sección de la línea de costa), el levantamiento asociado a la colisión de placas tectónicas (el más extremo de los cuales es la construcción de montañas como el Himalaya), o el rebote postglacial en curso y la compensación en otros lugares asociada al final de la última edad de hielo.

Esto último se debe a la rápida eliminación del peso cuando se derritieron las gigantescas capas de hielo, de modo que la tierra que ha sido lastrada rebota lentamente hacia su posición original. Un ejemplo de ello es Escocia, que se eleva a un ritmo de 3 mm/año mientras que Inglaterra sigue hundiéndose a un ritmo de 2 mm/año, a pesar de que la capa de hielo escocesa se derritió hace 10.000 años. Una vez más, utilizando una serie de correcciones, la red mundial de mareógrafos sugiere que el aumento del nivel del mar desde principios del siglo XX podría ser de hasta 18 cm (~1,80,1 mm/año). En esta escala de tiempo, el calentamiento y la consiguiente expansión térmica de los océanos podrían representar entre 2 y 7 cm del aumento observado del nivel del mar, mientras que el retroceso observado de los glaciares podría representar entre 2 y 5 cm. Otros factores son más difíciles de cuantificar.

La tasa de aumento del nivel de la mar observada sugiere que puede haber habido una contribución positiva neta de las enormes capas de hielo de Groenlandia y la Antártida, pero las observaciones de estas capas de hielo sugieren que puede haber habido una expansión neta que habría contribuido 0,05 mm/año al nivel global del mar en los últimos 100 años. Las capas de hielo siguen siendo una fuente importante de incertidumbre a la hora de explicar los cambios del nivel del mar en el pasado, ya que los datos sobre estas capas de hielo de los últimos 100 años son insuficientes.

Una de las mayores incógnitas del calentamiento global es si las enormes capas de hielo sobre Groenlandia y la Antártida se derretirán. Un indicador clave de la expansión o contracción de estas capas de hielo es el hielo marino que las rodea. El estado de la criosfera (o el hielo global) es extremadamente importante, ya que la contracción del hielo en tierra provoca la subida del nivel del mar. Por desgracia, los submarinos ya han registrado un preocupante adelgazamiento de los casquetes polares. El calado del hielo marino es el espesor de la parte del hielo que está sumergida bajo el mar. Por lo tanto, para entender los efectos del calentamiento global en la criosfera es importante medir cuánto hielo se está derritiendo en las regiones polares. La comparación de los datos de calado del hielo marino adquiridos en cruceros submarinos entre 1993 y 1997 con datos similares adquiridos entre 1958 y 1976 indica que el calado medio del hielo al final de la temporada de deshielo ha disminuido en aproximadamente 1,3 m en la mayoría de las porciones de aguas profundas del Océano Ártico, pasando de 3,1 m en 1958-76 a 1,8 m en la década de 1990. En resumen, el calado del hielo en la década de 1990 es más de un metro más fino que entre dos y cuatro décadas antes.

El calado principal ha disminuido de más de 3 metros a menos de 2 metros y el volumen se ha reducido en un 40% aproximadamente. Además, en el año 2000, por primera vez en la historia, se abrió un agujero lo suficientemente grande como para ser visto desde el espacio en el hielo marino sobre el Polo Norte. Desgraciadamente, como los registros de los satélites son tan breves, no sabemos si se trata de un hecho natural frecuente o si es un indicio de un derretimiento importante del hielo marino del Ártico. Además, las mediciones del tamaño de Groenlandia sugieren que se está reduciendo, especialmente en sus márgenes costeros.

Otras pruebas del calentamiento global provienen de las regiones de permafrost y de los patrones meteorológicos, como los registros de tormentas particulares. En las zonas de gran latitud y altitud existe el permafrost, donde hace tanto frío que el suelo está congelado a gran profundidad. Durante los meses de verano, sólo el metro superior, más o menos, del permafrost se calienta lo suficiente como para derretirse, y esto se llama capa activa. En Alaska parece haberse producido un calentamiento hasta al menos un metro en los últimos 50 años, lo que demuestra que la capa activa se ha hecho más profunda. Con los aumentos masivos de CO_2 atmosférico previstos para el futuro, es probable que se produzcan aumentos en el espesor de la capa activa del permafrost o quizás, en algunas zonas, la desaparición completa del llamado permafrost discontinuo durante el próximo siglo. Esta pérdida generalizada del permafrost producirá una enorme variedad de problemas en las zonas locales, ya que desencadenará la erosión o el hundimiento, modificará los procesos hidrológicos y liberará a la atmósfera aún más CO2 y metano atrapados como materia orgánica en las capas congeladas.

Por lo tanto, los cambios en el permafrost reducirán la estabilidad de las laderas y, por lo tanto, aumentarán la incidencia de deslizamientos y avalanchas. Una criosfera más dinámica aumentará los riesgos naturales para las personas, las estructuras y los enlaces de comunicación. Ya están amenazados edificios, carreteras, oleoductos, como los de Alaska, y enlaces de comunicación.

También hay pruebas de que nuestros patrones climáticos están cambiando. Por ejemplo, en los últimos años se han producido tormentas masivas y los consiguientes temporales en China, Italia, Inglaterra, Corea, Bangladesh, Venezuela y Mozambique. En Inglaterra, en el año 2000, se produjeron dos veces en un mismo mes los llamados "eventos únicos en 30 años". Además, el invierno de 2000/1 fue el más lluvioso de los seis meses registrados en Gran Bretaña desde que se empezaron a llevar registros en el siglo XVIII, mientras que en el verano de 2003 Gran Bretaña registró la primera temperatura desde que se empezaron a llevar registros.

Además, las aves británicas anidan de media 124 días antes que hace 30 años.

Las especies de insectos -incluidas las abejas y las termitas- que necesitan un clima cálido para sobrevivir se están desplazando hacia el norte, y algunas ya han llegado a Inglaterra cruzando el Canal desde Francia. Los glaciares de Europa están en retroceso, especialmente en los Alpes e Islandia. Los registros de la capa de hielo del río Tornio, en Finlandia, que se registran desde 1693, muestran que el deshielo primaveral del río congelado se produce ahora un mes antes.

También hay pruebas de que se están produciendo más tormentas en el hemisferio norte. La altura de las olas en el Océano Atlántico Norte ha sido monitoreada desde principios de la década de 1950, a partir de buques faro, estaciones meteorológicas oceánicas y, más recientemente, satélites. Entre los años 50 y 90, la altura media de las olas aumentó de 2,5 a 3,5 m, lo que supone un incremento del 40%. La intensidad de las tormentas es el principal control de la altura de las olas, lo que demuestra un aumento de la actividad de las tormentas en los últimos 40 años. Los científicos alemanes han sugerido que las olas oceánicas generadas por las tormentas que azotan las costas europeas producen vibraciones de onda larga que son captadas por los equipos sensibles instalados para registrar los terremotos. A partir de estas pruebas, calcularon el número de días de tormenta por mes durante el invierno. Parece que en los últimos 50 años han aumentado de siete a 14 días al mes.

Esto también coincide con el aumento observado de los ciclones extratropicales de invierno, es decir, los que se producen en las latitudes medias, que han aumentado notablemente en los últimos cien años, con incrementos significativos tanto en el sector del Pacífico como en el del Atlántico desde principios de la década de 1970. Sin embargo, se ha producido un ligero descenso en el número de huracanes sobre los últimos 50 años.

Una de las mejores maneras de resumir las pruebas del calentamiento global y de persuadirle a usted, el lector, de que hay pruebas de que la humanidad ya ha alterado el clima global, es repasar lo que dicen los escépticos en contra de la hipótesis del calentamiento global:

. . .

Los datos de los núcleos de hielo sugieren que el CO_2 atmosférico responde a la temperatura global, por lo tanto, el CO_2 atmosférico no puede causar cambios en la temperatura global.

Un examen detallado de los datos de CO_2 de los núcleos de hielo al final de la última glaciación muestra que los principales aumentos escalonados se producen al mismo tiempo que el calentamiento en la Antártida. Se sabe que durante la última desglaciación, el calentamiento gradual en la Antártida se produjo antes del calentamiento escalonado en el hemisferio norte. Por tanto, existen excelentes pruebas de que el dióxido de carbono atmosférico aumenta antes de que las temperaturas globales se eleven y las capas de hielo comiencen a derretirse.

De hecho, hay pruebas claras de que las temperaturas antárticas y los niveles de dióxido de carbono atmosférico están acompasados, lo que demuestra el papel central del dióxido de carbono como amplificador del clima. Además, el análisis de las series temporales de los cuatro últimos ciclos glaciares- interglaciares realizado por el profesor Shackleton de la Universidad de

Cambridge sugiere que la respuesta del dióxido de carbono atmosférico es hasta 5.000 años anterior a las variaciones de las capas de hielo globales. Esto ha llevado a muchos paleoclimatólogos a reevaluar el papel del dióxido de carbono atmosférico, situándolo ahora como una fuerza motriz primaria del clima del pasado en lugar de una respuesta y retroalimentación secundarias. Todos los datos que muestran el calentamiento global han sido corregidos o ajustados para lograr este resultado deseado.

Para las personas que no se dedican habitualmente a la ciencia, éste parece ser el mayor problema de todo el argumento del "calentamiento global". Como he demostrado, todos los conjuntos de datos que cubren los últimos 150 años requieren algún tipo de ajuste. Sin embargo, esto forma parte del proceso científico. Por ejemplo, si no se hubiera tenido mucho cuidado con las tendencias espurias de la base de datos de las precipitaciones globales, ahora asumiríamos que las precipitaciones globales están aumentando. Además, a medida que la ciencia avanza de forma incremental, va adquiriendo una mayor comprensión y entendimiento de los conjuntos de datos que va construyendo. Este cuestionamiento constante de todos los datos e interpretaciones es la fuerza central de la ciencia: cada nueva corrección o ajuste se debe a una mayor comprensión de los datos y del sistema climático y, por tanto, cada nuevo estudio aumenta la confidencia que tenemos en los resultados. Por eso el informe del IPCC se refiere al "peso de las pruebas", ya que nuestra confidencia en la ciencia aumenta si se obtienen resultados similares de fuentes muy diferentes.

La producción solar y la actividad de las manchas solares controlan las temperaturas del pasado. Esto es algo en lo que coinciden tanto los escépticos como los no escépticos. Por supuesto, las manchas solares y también la actividad volcánica influyen en las temperaturas del pasado. Por ejemplo, el enfriamiento de los años 60 y 70 está claramente relacionado con los cambios en el ciclo de las manchas solares. La diferencia entre los dos bandos es que los escépticos dan más peso a la importancia de estas variaciones naturales.

Aunque se ha puesto mucho cuidado en comprender cómo las pequeñas variaciones de la producción solar afectan al clima global, éste sigue siendo uno de los ámbitos que contiene muchas incógnitas e incertidumbres. Sin embargo, los modelos climáticos que combinan nuestros conocimientos actuales sobre todo el forzamiento radiativo, incluidos los gases de efecto invernadero y las manchas solares, son capaces de simular la curva de temperatura global de los últimos 130 años. Esto proporciona confidencia en ambos modelos y también una comprensión de la influencia relativa del forzamiento natural frente al antropogénico. Los datos de los satélites ponen en duda los modelos.

Una vez más, antes de que se comprendieran claramente los datos de los satélites, éstos sugerían que en los últimos 20 años se había producido un ligero enfriamiento. El proceso iterativo de la ciencia, es decir, el reexamen de los datos y la suposición relativa a los datos, mostró claramente que había algunas inconsistencias importantes dentro de los datos de los satélites; en primer lugar, como resultado de tratar de comparar los datos de diferentes instrumentos en diferentes satélites y, en segundo lugar, debido a la necesidad de ajustar la altitud del satélite a medida que su órbita se reduce como resultado de la fricción con la atmósfera. El problema final de los datos de los satélites es que 20 años es un periodo de tiempo demasiado corto para encontrar una tendencia de la temperatura con cierta seguridad. Esto se debe a que los ciclos o eventos climáticos tendrán una gran influencia en el registro y no se promediarán; para ejemplo, el ciclo de las manchas solares es de 11 años, El Niño-Oscilación del Sur es de 3 a 7 años, y la Oscilación del Atlántico Norte es de 10 años. Por tanto, cuál de estos ciclos sea recogido por los datos satelitales de 20 años influirá en gran medida en la dirección de la tendencia de la temperatura.

Uno de los argumentos clave para mí de que se ha producido un calentamiento significativo y otros cambios climáticos en los últimos 100 años es el peso de las pruebas de tantos conjuntos de datos diversos. Cuando se comparan los últimos 100 años con los últimos 1.000 años, queda muy claro que está ocurriendo algo completamente diferente. Las pruebas sugieren que los forzamientos climáticos naturales, como las manchas solares y las erupciones volcánicas, han sido similares durante el último milenio. Esto sólo deja una alternativa: que los gases de efecto invernadero, con su conocido forzamiento radiativo, ya han influenciado el clima global. A partir de la enorme cantidad de pruebas científicas publicadas, el IPCC ha concluido: 'A la luz de las nuevas pruebas y teniendo en cuenta las incertidumbres restantes, es probable que la mayor parte del calentamiento observado en los últimos 50 años [60-90% de confidencia] se deba al aumento de los gases de efecto invernadero...'. concentración".

4

¿Cuáles son los posibles impactos futuros del calentamiento global?

COMO SE HA DICHO en los capítulos anteriores, hay pruebas sólidas que sugieren que las emisiones de gases de efecto invernadero de la humanidad ya han empezado a influir en nuestro clima. Los modelos informáticos más sofisticados y potentes sugieren que el calentamiento global provocará importantes cambios climáticos a finales del siglo XXI. Estos cambios tendrán potencialmente amplios efectos en el entorno natural, así como en las sociedades humanas y en nuestras economías.

Se han hecho estimaciones sobre las posibles repercusiones directas en varios sectores socioeconómicos, pero

en realidad es complicado predecir todas las consecuencias porque los impactos en un sector tienen un
efecto indirecto en otros. Para evaluar estos impactos
potenciales, es necesario estimar el alcance y la
magnitud del cambio climático, especialmente a nivel
nacional y local. Por ejemplo, los últimos informes del
IPCC de 2001 analizan los impactos a nivel
continental.

También hay una serie de excelentes informes nacionales, como el del Equipo de Síntesis de la Evaluación
Nacional 2001, que evalúa el cambio climático en los
Estados Unidos, abordando los impactos región por
región. Aunque se ha avanzado mucho en la comprensión del sistema climático y del cambio climático, hay
que tener en cuenta que las proyecciones del cambio
climático y sus impactos siguen conteniendo enormes
incertidumbres, sobre todo a nivel regional y local.

El mayor problema del calentamiento global es nuestra
incapacidad para predecir el futuro. Aunque está claro
que la humanidad puede vivir, sobrevivir e incluso
alimentarse en climas extremos, desde el Ártico hasta el

Sáhara, lo que causa problemas es cuando se superan los extremos predecibles del clima local. Muchos de los futuros problemas del cambio climático están relacionados con el agua, ya sea demasiada o muy poca en comparación con la cantidad habitualmente esperada. Por desgracia, los cambios en las precipitaciones son aún más difíciles de predecir que la temperatura. Sin embargo, la influencia más importante en el impacto relativo del cambio climático inducido por el calentamiento global es la forma en que las economías regionales se desarrollen y se adapten en el futuro. Así, todos los impactos que se analizan a continuación pueden mitigarse en un grado significativo mediante cambios en la economía mundial.

El informe del IPCC de 2001 estima que la temperatura media global de la superficie podría aumentar entre 1,4 y 5,8 C para el año 2100, lo que significaría que, además, el nivel medio global del mar subiría entre 20 y 88 cm para el año 2100.

El futuro cambio climático tendrá repercusiones en todos los factores que afectan a la sociedad humana, incluidas las regiones costeras, las tormentas y las inundaciones, la salud y los recursos hídricos, la agricultura y la biodiversidad. A continuación, se revisan cada una de estas áreas clave de preocupación y el posible impacto del cambio climático según la evaluación del IPCC. Lo que no se puede evaluar son los impactos si el cambio climático se produce de forma abrupta.

Como hemos visto, el IPCC informa de que en un escenario sin cambios (es decir, con un aumento continuado de la quema de combustibles fósiles) el nivel del mar podría subir entre 20 y 88 cm en los próximos 100 años, principalmente por la expansión térmica de los océanos. Esto es una gran preocupación para todas las zonas costeras, ya que disminuirá la eficacia de las defensas costeras contra las tormentas y las inundaciones y aumentará la inestabilidad de los acantilados y las playas. En Gran Bretaña, EE.UU. y el resto del mundo desarrollado, la respuesta a este peligro ha sido añadir unos metros más a la altura de los diques alrededor de las propiedades en la costa, el abandono de algunas tierras agrícolas de baja calidad al mar (ya que no vale la pena el gasto de protegerlas) y añadir protección legal adicional a los humedales costeros, siendo la mejor defensa de la naturaleza contra el mar. Sin embargo, a nivel mundial, hay algunas naciones asentadas en pequeñas islas y deltas fluviales que se enfrentan a una situación mucho más grave.

En el caso de las pequeñas naciones insulares, como las Maldivas en el Océano Índico y las Islas Marshall en el Pacífico, un aumento de 1 m en el nivel del mar inundaría hasta el 75% de la tierra firme, haciendo que las islas fueran inhabitables. Curiosamente, estos países, que dependen del turismo, son los que más emisiones de combustibles fósiles por habitante tienen en el mundo. Sin embargo, la historia da un giro diferente si consideramos las naciones en las que una parte significativa de la población vive en los deltas de los ríos; entre ellas se encuentran, por ejemplo, Bangladesh, Egipto, Nigeria y Tailandia. Un informe del Banco Mundial de 1994 llegó a la conclusión de que las actividades humanas en los deltas, como la extracción de agua dulce, estaban provocando que estas zonas se hundieran mucho más rápido que cualquier aumento previsto del nivel del mar, lo que aumentaba su vulnerabilidad a las tormentas y los huracanes.

. . .

En el caso de Bangladesh, más de tres cuartas partes del país se encuentran en la región deltaica formada por la confluencia de los ríos Ganges, Brahmaputra y Meghna. Más de la mitad del país se encuentra a menos de 5 m sobre el nivel del mar, por lo que las inundaciones son habituales. Durante el monzón de verano, una cuarta parte del país se inunda. Sin embargo, estas inundaciones, como las del Nilo, traen consigo tanto vida como destrucción. El agua riega y el limo fertiliza la tierra. El fértil delta del Bengala mantiene una de las poblaciones más densas del mundo, más de 110 millones de personas en 140 mil kilómetros cuadrados. Pero los flujos del monzón han ido empeorando a lo largo de la década de 1990. Cada año, el delta del Bengala debe recibir más de mil millones de toneladas de sedimentos y mil kilómetros cúbicos de agua dulce. Esta carga de sedimentos equilibra la erosión del delta tanto por procesos naturales como por la actividad humana.

Sin embargo, el río Ganges ha sido desviado en la India hacia el canal Hooghly para el riego.

La reducción de la aportación de sedimentos está provocando el hundimiento del delta. La rápida extracción de agua dulce del delta para la agricultura y el agua potable agrava la situación. En la década de 1980, se hundieron 100.000 pozos tubulares y 20.000 pozos profundos, multiplicando por seis la extracción de agua dulce. Ambos proyectos son esenciales para mejorar la calidad de vida de los habitantes de esta región, pero han producido una tasa de hundimiento de hasta 2,5 centímetros al año, una de las más altas del mundo. Utilizando las estimaciones de la tasa de subsidencia y el aumento del nivel del mar por el calentamiento global, el Banco Mundial ha calculado que para finales del siglo XXI el nivel relativo del mar en Bangladesh podría aumentar hasta 1,8 metros. En el peor de los casos, estimaron que esto provocaría una pérdida de hasta el 16% de la tierra, que sustentaría al 13% de la población y produciría el 12% del actual producto interior bruto (PIB).

Desgraciadamente, este escenario no tiene en cuenta la devastación del bosque de manglares y las fiserias asociadas.

. . .

Además, el aumento de las intrusiones de agua salada hacia tierra dañaría aún más la calidad del agua y la agricultura.

Este es el peor de los escenarios y la mayor parte de la subida relativa del nivel del mar no está causada por el calentamiento global.

Otro ejemplo de costa amenazada es el delta del Nilo, que es una de las zonas de cultivo intensivo más antiguas de la Tierra. Está muy poblado, con densidades de población de hasta 1.600 habitantes por kilómetro cuadrado. Los desiertos rodean las fértiles llanuras de baja altitud. Sólo el 2,5% de la superficie de Egipto, el delta del Nilo y el valle del Nilo, son aptos para la agricultura intensiva. La mayor parte de una franja de tierra de 50 km de ancho a lo largo de la costa está a menos de 2 m sobre el nivel del mar y sólo está protegida de las inundaciones por un cinturón de arena costero de 1 a 10 km de ancho, formado por la descarga de los ramales Rosetta y Damietta del Nilo. La erosión del cinturón de arena protector es un problema grave y se ha acelerado desde la construcción de la presa de Asuán en el sur de Egipto.

. . .

Una subida del nivel del mar destruiría las partes débiles del cinturón de arena, que son esenciales para la protección de las lagunas y las tierras bajas recuperadas. Estos impactos podrían ser muy graves. Alrededor de un tercio de las capturas de pescado de Egipto se realizan en las lagunas, y la subida del nivel del mar cambiaría la calidad del agua y afectaría a la mayor parte de la pesca de agua dulce; se inundarían valiosas tierras agrícolas; se verían amenazadas instalaciones vitales de baja altitud en Alejandría y Port Said; se pondrían en peligro las instalaciones de playa para el turismo recreativo; y se salinizarían aguas subterráneas esenciales. Todos estos efectos son evitables, ya que los diques y las medidas de protección detendrían las peores inundaciones hasta una subida del nivel del mar de 50 cm. Sin embargo, podría producirse una grave salinización de las aguas subterráneas y el impacto de la creciente acción de las olas sería grave.

La influencia más importante en el impacto de la subida del nivel del mar en las regiones costeras es el ritmo del cambio. Por el momento, la subida prevista de unos 50 cm en los próximos cien años puede afrontarse si se tiene la previsión económica de planificar la protección y adaptación de las regiones costeras. Esto se debe al desarrollo de las economías regionales y a la disponibilidad de recursos para aplicar los cambios adecuados. Si el nivel del mar sube más de 1 m en los próximos cien años, lo que se considera poco probable según el IPCC, la humanidad tendría grandes problemas para adaptarse a ello.

Las tormentas y las inundaciones son riesgos naturales importantes, que entre 1951 y 1999 fueron responsables del 76% de las pérdidas globales aseguradas, el 58% de las pérdidas económicas y el 52% de las muertes por catástrofes naturales. Por lo tanto, es esencial que sepamos lo que es probable que ocurra en el futuro. Sabemos, por los registros históricos, que durante los períodos de cambio climático rápido, los patrones meteorológicos pueden volverse erráticos y el número de tormentas puede aumentar. Un ejemplo de ello es la Pequeña Edad de Hielo, que duró desde finales del siglo XVI hasta principios del XVIII, y que se recuerda principalmente por las ferias de hielo que se celebraban en el río Támesis congelado.

. . .

Sin embargo, lo que no se recuerda es que al entrar y salir de la Pequeña Edad de Hielo hubo algunas tormentas apocalípticas en Europa. Por ejemplo, al final de la Pequeña Edad de Hielo, cuando el clima se calentó definitivamente en 1703, se produjo la peor tormenta registrada en la historia de Gran Bretaña, que mató a más de 8.000 personas. Hay indicios de que las regiones templadas, sobre todo en el hemisferio norte, se han vuelto más tormentosas en los últimos años.

Las simulaciones de modelos sobre el futuro de las tormentas de latitudes medias difieren mucho para los próximos cien años. Sin embargo, los modelos informáticos sugieren que la proporción de precipitaciones que se producen en forma de fuertes lluvias ha aumentado y seguirá aumentando, al igual que la variabilidad interanual. Esto aumentará la frecuencia de las inundaciones.

Dos cuartas partes de la población mundial viven bajo el cinturón de los monzones, que aportan lluvias vivificantes. Los monzones son impulsados por el contraste de temperatura entre los continentes y los océanos. Por ejemplo, el aire superficial cargado de humedad sopla desde el océano Índico hacia el continente asiático y desde el océano Atlántico hacia África occidental durante los veranos del hemisferio norte, cuando las masas de tierra se calientan mucho más que el océano adyacente. En invierno, los continentes se vuelven más fríos que los océanos adyacentes y se desarrollan altas presiones en la superficie, lo que hace que los vientos superficiales soplen hacia el océano. Los modelos climáticos indican un aumento de la fuerza de los monzones de verano como resultado del calentamiento global en los próximos cien años.

Hay tres razones que apoyan que esto ocurra. (1) El calentamiento global provocará que los continentes se calienten más que el océano en verano y ésta es la principal fuerza motriz del sistema monzónico. (2) La disminución de la capa de nieve en el Tíbet, prevista en un mundo más cálido, aumentará esta diferencia de temperatura entre la tierra y el mar, incrementando la fuerza del verano asiático. (3) Un clima más cálido significa que el aire puede retener más vapor de agua, por lo que los vientos monzónicos podrán transportar más humedad. Para el monzón del verano asiático, esto podría significar un aumento del 10-20% de las precipitaciones medias, con una variabilidad interanual del 25-100% y un aumento drástico del número de días con lluvias intensas. El hallazgo más preocupante del modelo es el aumento previsto de la variabilidad de las lluvias entre años, que podría duplicarse, lo que haría muy difícil predecir la cantidad de lluvia que se producirá cada año, un conocimiento esencial para los agricultores. Una excepción a este aumento la ofrece el MCG del Centro Hadley de la Oficina Meteorológica, que prevé una reducción de las lluvias en la Amazonia, pero un aumento de las mismas en los demás sistemas monzónicos.

La buena noticia es que actualmente no hay pruebas de los últimos cien años que demuestren un aumento del número de huracanes o ciclones. La mayoría de las predicciones de los modelos sobre la frecuencia e intensidad de los huracanes en el futuro son ambivalentes, algunas sugieren aumentos mientras que otras sugieren disminuciones. La mayoría sugiere que las variaciones decenales y multidecenales serán mayores que cualquier tendencia causada por el calentamiento global.

．　．　．

Aunque el número y la intensidad de los huracanes y ciclones extratropicales no aumenten en el próximo siglo, el calentamiento global puede influir en nuestra capacidad para predecir estos fenómenos, ya que nuestra capacidad de predicción se basa tanto en la física fundamental del sistema climático como en patrones repetitivos de fenómenos meteorológicos pasados.

Por ejemplo, las tormentas tienen un tiempo de retorno basado en su frecuencia en el pasado.

Esto permite gestionar las defensas costeras, el control de los ríos y las reservas de agua.

Si estos tiempos de retorno se vuelven impredecibles, habrá que adoptar nuevos métodos para hacer frente a las tormentas y a las inundaciones. Este punto de vista está respaldado por muchos de los modelos climáticos, que muestran que en un mundo más cálido la variabilidad interanual de la ocurrencia de tormentas y otros fenómenos climáticos extremos es mayor.

. . .

Un posible ejemplo de ello fue el invierno de 2000, cuando en Gran Bretaña se produjeron dos tormentas en un mes, ambas clasificadas como eventos de uno en 30 años. Una vez más, la opción de bajo coste en la mayoría de los países desarrollados para hacer frente a este aumento de la variabilidad es una mejor predicción del tiempo, una normativa de construcción más estricta, controles más rigurosos sobre el uso de las regiones costeras y las llanuras de inundación, y una mayor protección de los humedales costeros.

En cuanto a la pérdida de vidas humanas, la frecuencia y la intensidad de las tormentas no son los únicos factores de control. El único control importante sobre el número de muertes y el coste de los daños de una tormenta es el nivel de desarrollo de la región o el país afectado. Esto se demuestra comparando dos de los peores huracanes que azotaron en la década de 1990. En agosto de 1992, el huracán Andrew azotó Estados Unidos y causó daños récord, estimados en 20.000 millones de dólares, pero sólo mató a 53 personas.

En 1998, el huracán Mitch azotó Centroamérica y mató al menos a 20.000 personas, dejó sin hogar a 2 millones de personas y retrasó el crecimiento económico de la región durante décadas. Por lo tanto, aunque el calentamiento global aumente el número de tormentas en todo el mundo, el desarrollo económico de los países más pobres podría reducir muy rápidamente la tasa de mortalidad pero, por supuesto, aumentar en consecuencia el coste de los daños asociados.

Uno de los elementos más importantes y misteriosos del clima global es el cambio periódico de la dirección e intensidad de las corrientes oceánicas y los vientos en el Pacífico. Originalmente conocido como El Niño Jesús, como suele aparecer en Navidad, y que ahora se conoce más normalmente como ENSO (El Niño - Oscilación del Sur), este fenómeno suele producirse cada tres a siete años. Puede durar desde varios meses hasta más de un año. Las condiciones de El Niño de 1997-8 fueron las más fuertes de las que se tiene constancia y provocaron sequías en el sur de Estados Unidos, el este de África, el norte de la India, el noreste de Brasil y Australia. En Indonesia, los incendios forestales ardieron sin control en condiciones de gran sequedad. En California, algunas zonas de Sudamérica, Sri

Lanka y el centro-este de África se produjeron lluvias torrenciales.

El ENSO es una oscilación entre tres climas, las condiciones "normales", ``La Niña" y "El Niño". Las condiciones de El Niño se han relacionado con cambios en el monzón, los patrones de las tormentas y la aparición de sequías en todo el mundo. El estado del ENSO también se ha relacionado con la posición y la aparición de huracanes en el Atlántico.

Por ejemplo, se cree que la mala predicción de dónde tocó tierra el huracán Mitch se debió a que no se tuvieron en cuenta las condiciones del ENSO y los fuertes vientos alisios ayudaron a arrastrar la tormenta hacia el sur a través de América Central en lugar de hacia el oeste como se predijo.

La predicción de los fenómenos de El Niño es muy difícil, pero está mejorando constantemente. Por ejemplo, en la actualidad existe una amplia red de sistemas de vigilancia oceánica y por satélite en el Océano Pacífico, cuyo objetivo principal es registrar la temperatura de la superficie del mar, que es el principal indicador del estado del ENSO. Utilizando estos datos climáticos en los modelos de circulación por ordenador y en los modelos estadísticos, se hacen predicciones sobre la probabilidad de un evento de El Niño y La Niña. En realidad, todavía estamos en la fase inicial de desarrollo de nuestra comprensión y capacidad de predicción del fenómeno ENSO. También existe un debate considerable sobre si el ENSO se ha visto afectado por el calentamiento global. Las condiciones de El Niño se dan generalmente cada tres o siete años; sin embargo, han vuelto durante tres de cuatro años: 1991-2, 1993-4 y 1994-5. El Niño volvió de nuevo a causar estragos en el clima mundial en 1997-8.

La reconstrucción del clima del pasado a partir de los arrecifes de coral del Pacífico occidental muestra las variaciones de la temperatura de la superficie del mar desde hace 150 años, mucho más allá de nuestros registros históricos. La temperatura de la superficie del mar muestra los cambios en la corriente oceánica, que acompañan a los cambios en el ENSO y revelan que ha habido dos cambios importantes en la frecuencia e intensidad de los eventos de El Niño.

El primero fue un cambio a principios del siglo XX,

en el que se pasó de un ciclo de 10-15 años a otro de 3-5 años. El segundo cambio fue un umbral agudo en 1976, cuando se produjo un marcado cambio hacia eventos de El Niño más intensos e incluso más frecuentes. Estos resultados son aleccionadores si se tienen en cuenta los enormes trastornos y desastres meteorológicos causados por los recientes fenómenos de El Niño. Los resultados de la modelización también sugieren que el actual estado "agravado" de El Niño puede cambiar permanentemente los patrones meteorológicos. Por ejemplo, parece que la región de sequía en Estados Unidos podría desplazarse hacia el este.

Sin embargo, como hemos visto, predecir un evento de El Niño dentro de seis meses ya es bastante difícil sin tratar de evaluar si el ENSO va a ser más extremo o no en los próximos 100 años.

La mayoría de los modelos informáticos del ENSO en el futuro no son concluyentes; algunos han encontrado un aumento y otros ninguno. Se trata, por tanto, de una parte del sistema climático que no sabemos cómo afectará el calentamiento global. El ENSO no sólo tiene un impacto directo en el clima mundial, sino que también afecta al número, la intensidad y la trayectoria de los huracanes y ciclones, así como a la fuerza y el calendario del monzón asiático. Por eso, cuando se habla de las posibles repercusiones del calentamiento global, una de las mayores incógnitas es la variación del ENSO y sus efectos en el resto del sistema climático mundial.

Otra posibilidad que debemos tener en cuenta es que en el Holoceno temprano no se han encontrado pruebas del ENSO. De hecho, se cree que el ENSO comenzó en algún momento entre 4.000 y 5.000 años atrás. Así que Bjørn Lomborg sugiere radicalmente en su libro The Skeptical Environmentalist que un calentamiento de 2-3 C podría ser algo bueno para el futuro, ya que podría desactivar el ENSO. Ninguno de los modelos informáticos utilizados para estudiar el clima futuro ha encontrado este efecto, y hay que recordar que la posición de la órbita de la Tierra con respecto al sol era muy diferente a principios del Holoceno, pero es algo más a tener en cuenta.

Se ha sugerido que el calentamiento global tendrá un efecto adverso en la salud humana. Las primeras sugerencias han sido que el aumento de las temperaturas globales incrementará la tasa de mortalidad. Un estudio reciente demuestra que la población de Europa ha adaptado con éxito su estilo de vida para tener en cuenta las altas temperaturas del verano. Se trata de un caso clásico de evaluación de riesgos y adaptación individual, ya que la mayor parte de la mortalidad relacionada con el calor se produce cuando la temperatura supera la habitual. Por ejemplo, en Londres la mortalidad relacionada con el calor comienza a los 22,3 C, mientras que en Atenas lo hace a los 25,7 C. Por tanto, parece que, si se proporciona la información correcta y se sigue aumentando la accesibilidad al aire acondicionado, el mundo podrá adaptarse a condiciones más cálidas.

De hecho, también se ha sugerido que la tasa de mortalidad podría incluso descender, ya que mueren más personas por el frío que por el calor, por lo que los inviernos más cálidos reducirían esta causa de muerte.

Sin embargo, la amenaza más importante para la salud humana es, con mucho, el acceso al agua potable. En la actualidad, el aumento de la población humana, especialmente la creciente concentración en las zonas urbanas, está ejerciendo una gran presión sobre los recursos hídricos. Se prevé que los efectos del cambio climático - incluidos los cambios en la temperatura, las precipitaciones y el nivel del mar- tengan diversas consecuencias para la disponibilidad de agua dulce en todo el mundo. Por ejemplo, los cambios en la escorrentía de los ríos afectarán a los rendimientos de los ríos y embalses y, por tanto, a la recarga de las reservas de agua subterránea. El aumento de la tasa de evaporación también afectará al suministro de agua y contribuirá a la salinización de las tierras agrícolas de regadío.

La subida del nivel del mar puede provocar la intrusión salina en los acuíferos costeros. Actualmente, unos 1.700 millones de personas, un tercio de la población mundial, viven en países con estrés hídrico. Los informes del IPCC sugieren que, con el aumento de la población mundial previsto, y el cambio climático esperado, asumiendo los patrones de consumo actuales, 5.000 millones de personas sufrirán estrés hídrico en 2025. Es probable que el cambio climático tenga el mayor impacto en los países con una alta relación entre el uso relativo y el suministro disponible. Las regiones con abundantes suministros de agua obtendrán más de lo que desean con el aumento de la alimentación. Como se ha sugerido anteriormente, los modelos informáticos predicen lluvias mucho más intensas y, por tanto, importantes problemas de inundación en Europa, mientras que, paradójicamente, los países que actualmente tienen poca agua (por ejemplo, los que dependen de la desalinización) pueden verse relativamente poco afectados.

Serán los países intermedios, que no tienen historia ni infraestructura para hacer frente a la escasez de agua, los más afectados. En Asia central, el norte de África y el sur de África habrá aún menos precipitaciones y la calidad del agua se degradará cada vez más por el aumento de las temperaturas y la escorrentía de contaminantes. Si a esto le añadimos el aumento de la variabilidad de las precipitaciones de un año a otro, las sequías serán cada vez más frecuentes.

Por lo tanto, son los países que han sido identificados como de mayor riesgo los que necesitan empezar a planificar ahora para conservar sus suministros de agua y/o hacer frente a los crecientes riesgos de inundación, ya que es la falta de infraestructura para hacer frente a la sequía y a las inundaciones, más que la falta o la abundancia de agua, lo que causa la amenaza a la salud humana. Por tanto, el desarrollo económico de las zonas de mayor riesgo es esencial en el próximo siglo para proporcionar recursos que mitiguen los efectos del calentamiento global.

Otra posible amenaza futura para la salud humana es el aumento de la transmisión de muchas enfermedades infecciosas, ya que éstas se ven directamente afectadas por los factores climáticos. Los agentes infecciosos y sus organismos vectores (por ejemplo, los mosquitos) son sensibles a factores como la temperatura, el agua superficial, la humedad, el viento, la humedad del suelo y los cambios en la distribución de los bosques. Por ejemplo, existe una fuerte correlación entre el aumento de la temperatura de la superficie y el nivel del mar y la gravedad anual de las epidemias de cólera en Bangladesh.

Con el cambio climático previsto en el futuro y el aumento del nivel relativo del mar en Bangladesh, las epidemias de cólera podrían aumentar. El cambio climático influirá especialmente en las enfermedades transmitidas por vectores, es decir, aquellas que son transmitidas por otro organismo, como la malaria, que es transmitida por los mosquitos. Por lo tanto, se prevé que el cambio climático y la alteración de los patrones meteorológicos afecten al alcance (tanto en altitud como en latitud), la intensidad y la estacionalidad de muchas enfermedades transmitidas por vectores y otras enfermedades infecciosas. En general, el aumento del calor y la humedad provocados por el calentamiento global potenciarán la transmisión de enfermedades.

Aunque la transmisión potencial de muchas de estas enfermedades aumenta en respuesta al cambio climático, debemos recordar que nuestra capacidad para controlar las enfermedades también cambiará. Cabe esperar que la vacunación sea nueva o mejorada; algunas especies de vectores pueden verse limitadas por el uso de plaguicidas. No obstante, hay También aquí hay incertidumbres y riesgos: por ejemplo, los plaguicidas de larga duración utilizan cepas resistentes a la reproducción y matan a muchos depredadores de las plagas.

· · ·

La enfermedad más importante transmitida por vectores es el paludismo, que actualmente cuenta con 500 millones de personas infectadas en todo el mundo, lo que supone aproximadamente el doble de la población de Estados Unidos.

El Plasmodium vivax, transportado por el mosquito Anopheles, es un organismo que causa la malaria.

Los principales factores climáticos que influyen en el potencial de transmisión del paludismo de la población de mosquitos son la temperatura y las precipitaciones. Las evaluaciones del impacto potencial del cambio climático global en la incidencia de la malaria sugieren un aumento generalizado del riesgo debido a la expansión de las áreas adecuadas para la transmisión de la malaria. Los modelos matemáticos que trazan las zonas de temperatura adecuadas para los mosquitos sugieren que para la década de 2080 la exposición potencial de las personas podría aumentar en un 2-4% (260-320 millones de personas). El aumento previsto es más pronunciado en las fronteras de las zonas de malaria endémica y en las altitudes más altas dentro de las zonas de malaria. Los cambios en el riesgo de paludismo deben interpretarse en función de las condiciones ambientales locales, los efectos del desarrollo socioeconómico y los programas o capacidades de control del paludismo. La incidencia de la infección es más sensible a los cambios climáticos en zonas del sudeste asiático, Sudamérica y partes de África. El calentamiento global también proporcionará condiciones excelentes para que los mosquitos Anopheles se reproduzcan en el sur de Inglaterra, Europa y el norte de Estados Unidos.

Sin embargo, hay que tener en cuenta que la aparición de la mayoría de las enfermedades tropicales está relacionada con el desarrollo. Un ejemplo de ello fueron las grandes epidemias que se produjeron en gran parte de Europa durante la Pequeña Edad de Hielo. En la década de 1940, la malaria era endémica en Finlandia, Polonia, Rusia y en 36 estados de Estados Unidos, entre ellos Washington, Oregón, Idaho, Montana, Dakota del Norte, Nueva York, Pensilvania y Nueva Jersey.

Por lo tanto, aunque el calentamiento global tiene el potencial de aumentar el alcance de muchas de estas enfermedades tropicales, la experiencia de Europa y Estados Unidos sugiere que la lucha contra el paludismo está fuertemente vinculada al desarrollo y a los recursos: desarrollo para garantizar una vigilancia eficaz de la enfermedad y recursos para asegurar un esfuerzo fuerte para erradicar los mosquitos y sus lugares de reproducción.

El informe del IPCC enumera las siguientes especies como las más amenazadas por el cambio climático como consecuencia del calentamiento global: el gorila de montaña en África, los anfibios que sólo viven en los bosques nublados del neotrópico, el oso de anteojos de los Andes, las aves de los bosques de Tanzania, el Quetzal Resplandeciente en América Central, el Bengala tigre y otras especies que sólo se encuentran en los humedales de Sundarban, plantas sensibles a las lluvias que sólo se encuentran en el Reino Floral del Cabo de Sudáfrica, osos polares y pingüinos. Entre los hábitats naturales amenazados se encuentran los arrecifes de coral, los manglares, otros humedales costeros, los ecosistemas de montaña que se encuentran en los 200-300 m superiores de las zonas montañosas, los humedales de las praderas, los ecosistemas de permafrost y los ecosistemas de los bordes del hielo que proporcionan un hábitat para los osos polares y los pingüinos. La principal razón de la amenaza para estas especies o ecosistemas es que no pueden migrar en respuesta al cambio climático debido a su particular ubicación geográfica o a la invasión de la actividad humana, en particular la agricultura y la urbanización. Un ejemplo de lo primero son los bosques nubosos del neotrópico: a medida que el clima cambie, esta zona climática particular migrará por la ladera de la montaña hasta el punto en que no haya más montaña.

Un ejemplo de ecosistema amenazado son los arrecifes de coral. Los arrecifes de coral son un valioso recurso económico para la pesca, el ocio, el turismo y la protección de las costas. Además, los arrecifes son uno de los mayores almacenes mundiales de biodiversidad marina, con recursos genéticos sin explotar. Algunos estiman que el coste global de la pérdida de los arrecifes de coral asciende a cientos de miles de millones de dólares cada año. En los últimos años se ha producido un descenso sin precedentes en la salud de los arrecifes de coral.

En 1998 El Niño se asoció con temperaturas récord de la superficie del mar y con el blanqueamiento de los corales, que es cuando el coral expulsa las algas que viven en su interior y que son necesarias para su supervivencia. En algunas regiones, hasta el 70% del coral puede haber muerto en una sola temporada. En los últimos años también se ha producido un aumento de la variedad, la incidencia y la virulencia de las enfermedades de los corales, con importantes mortandades en Florida y gran parte de la región del Caribe. Además, el aumento de las concentraciones de dióxido de carbono en la atmósfera podría reducir las tasas de calcificación de los corales constructores de arrecifes, lo que daría lugar a esqueletos más débiles, a una reducción de las tasas de crecimiento y a una mayor vulnerabilidad a la erosión. Los resultados de los modelos sugieren que estos efectos serían más graves en los actuales márgenes de distribución de los arrecifes de coral.

En un plano más teórico, un estudio reciente investigó el posible aumento de la tasa de extinción probable en los próximos 50 años en regiones clave como México, la Amazonia y Australia.

Los modelos teóricos sugieren que para 2050 los cambios climáticos previstos por el IPCC comprometerían el 18% (calentamiento de 0,8-1,7 C), el 24% (1,8-2,0 C) y el 35% (por encima de 2,0 C) de las especies estudiadas a la extinción en estas regiones. Esto significa que una cuarta parte de todas las especies de estas regiones podrían extinguirse a mediados de este siglo. Hay muchas suposiciones en sus modelos, que pueden ser ciertas o no; por ejemplo, asumen que conocemos todo el rango climático en el que puede persistir cada especie y la relación precisa entre la reducción del hábitat y las tasas de extinción. Así que estos resultados sólo pueden considerarse como la dirección probable de las tasas de extinción, no necesariamente la magnitud exacta. Sin embargo, estas predicciones representan una enorme amenaza futura para la biodiversidad regional y mundial e ilustran la sensibilidad del sistema biológico a la cantidad y el ritmo de calentamiento que se producirá en el futuro.

Una de las mayores preocupaciones en relación con el futuro cambio climático es el efecto que tendrá en la agricultura, tanto a nivel mundial como regional. La cuestión principal es si el mundo podrá alimentarse en las condiciones de calentamiento global previstas. Las predicciones sobre la producción de cereales para el año 2060 sugieren que todavía hay enormes incertidumbres sobre si el cambio climático hará que la producción agrícola mundial aumente o disminuya. Si se tienen en cuenta los aumentos de temperatura previstos, se prevé un descenso de la producción de alimentos tanto en los países desarrollados como en los menos desarrollados. Pero si se tienen en cuenta otros efectos, entonces este efecto de la temperatura se reduce mucho, o en el caso del mundo desarrollado se convierte en un aumento.

Uno de los factores adicionales más importantes es que el aumento del dióxido de carbono atmosférico actúa como fertilizante; así, los estudios científicos han demostrado que las plantas en una atmósfera que contiene más dióxido de carbono crecen más rápido y mejor, porque el CO_2 es esencial para la fotosíntesis y la principal fuente de carbono para las plantas.

Así que a las plantas les gusta más el CO_2 atmosférico y, por lo tanto, los rendimientos agrícolas pueden aumentar en el futuro en muchas regiones. Además, si se parte de la base de que los agricultores pueden tomar medidas para adaptarse al cambio climático, esto también impulsa o al menos mantiene la producción agrícola en muchas regiones. Por ejemplo, los agricultores podrían variar la época de siembra y/o cambiar a una variedad diferente de la misma planta para responder a las condiciones cambiantes. Por lo tanto, los modelos sugieren que, con hipótesis razonables a escala mundial, se espera que el cambio sea pequeño o moderado. Pero esto no significa que la cantidad de cereal producida en todo el mundo sea igual o menor en 2060 en comparación con la actual. Desde 1960 la producción mundial de cereales se ha duplicado y se prevé que siga aumentando a un ritmo similar. Por eso, incluso un estudio pesimista de 1999 que utilizaba el modelo climático del Centro Hadley de la Met Office estimaba que la producción de cereales en 2080 sólo aumentaría un 90% respecto a la actual, y no un 94% como habría ocurrido en ausencia de calentamiento global.

Sin embargo, esto oculta los enormes cambios que se producirán en las diferentes regiones, con ganadores y perdedores, siendo los países más pobres, por supuesto, los que menos pueden adaptarse, los perdedores.

Además, los resultados de todos estos estudios dependen en gran medida de los modelos comerciales y de las fuerzas del mercado que se utilicen, ya que, por desgracia, la producción agrícola en el mundo tiene muy poco que ver con la alimentación de la población mundial y mucho más con el comercio y la economía.

De ahí que la UE tenga reservas de alimentos, mientras que muchos países subdesarrollados exportan cultivos comerciales (por ejemplo, azúcar, cacao, café, té, caucho, etc.) pero no pueden alimentar adecuadamente a su propia población. Un ejemplo clásico es el estado de Benín, en África Occidental, donde los cultivadores de algodón pueden obtener rendimientos de cuatro a ocho veces más por hectárea que sus competidores estadounidenses en Texas. Sin embargo, Estados Unidos subvenciona a sus agricultores, lo que significa que el algodón estadounidense es más barato que el procedente de Benín. Actualmente, los algodoneros estadounidenses reciben 3.900 millones de dólares en subvenciones, casi el doble del PIB total de Benín. Por lo tanto, aunque el calentamiento global haga que los rendimientos del algodón tejano sean aún menores, esto no cambia las fuerzas del mercado sesgadas.

Así, en los modelos informáticos, los mercados pueden reforzar la diferencia entre los impactos de la agricultura en los países desarrollados y en los países en desarrollo y, según el modelo comercial utilizado, los exportadores agrícolas pueden ganar dinero, aunque los suministros disminuyan, porque cuando un producto se vuelve escaso el precio sube. El otro factor completamente desconocido es el grado de adaptabilidad de la agricultura de un país. Por ejemplo, los modelos suponen que los niveles de producción de los países en desarrollo caerán más en comparación con los de los países desarrollados porque su capacidad de adaptación estimada es menor que la de los países desarrollados.

Pero esta es otra suposición que no tiene análogos en el pasado, y como estos efectos en la agricultura se producirán a lo largo del próximo siglo, muchos países en desarrollo pueden alcanzar al mundo desarrollado en términos de adaptabilidad.

Un ejemplo de los verdaderos problemas regionales que podría causar el calentamiento global es el caso del cultivo del café en Uganda. Aquí, la superficie total apta para el cultivo de café Robusta se reduciría drásticamente, a menos del 10%, por un aumento de la temperatura de 2 C. Sólo se mantendrían las zonas más altas; el resto se volvería demasiado caliente para cultivar café. Esto demuestra la vulnerabilidad a los efectos del calentamiento global de muchos países en desarrollo, cuyas economías suelen depender en gran medida de uno o dos productos agrícolas. Por ello, una de las principales adaptaciones al calentamiento global debería ser la ampliación de la base económica y agrícola de los países más amenazados. Esto, por supuesto, es mucho más difícil de hacer en la práctica que sobre el papel, y está claro que las subvenciones agrícolas de la UE y de EE.UU. y los actuales Acuerdos Comerciales Mundiales unilaterales tienen un mayor efecto sobre la producción agrícola mundial y la capacidad de los países para alimentar que el calentamiento global.

5

Política ambiental

EL ENFOQUE más lógico del problema del calentamiento global parece ser la reducción significativa de las emisiones. Los científicos han afirmado que se necesitan recortes significativos (hasta el 60%) para contener el calentamiento global a sólo un grado. Sin embargo, esto tiene importantes implicaciones para la economía mundial, y el coste de la reducción de las emisiones en comparación con los daños que puede causar el cambio climático es una cuestión muy controvertida. La CMNUCC (Convención Marco de las Naciones Unidas sobre el Cambio Climático) se creó en la Cumbre de la Tierra de Río en 1992 para tratar de negociar un acuerdo mundial de reducción de los gases de efecto invernadero y limitar el impacto del calentamiento global. En los últimos diez años se han dado dos grandes pasos. El primero se produjo en la medianoche del 13 de diciembre de 1997, cuando se firmó el Protocolo de Kioto, que establecía los principios generales de un tratado mundial para la reducción de las emisiones de gases de efecto invernadero y, más concretamente, que todos los países desarrollados debían reducir sus emisiones en un 5,2% respecto a los niveles de 1990 para el período 2008-2012.

Sin embargo, algunos países han seguido aumentando sus emisiones de forma significativa desde 1990 y, por tanto, tendrán grandes dificultades para lograr esta reducción. El segundo avance se produjo en Bonn el 23 de julio de 2001, cuando 186 países ratificaron y firmaron el Protocolo de Kioto, convirtiéndolo en un tratado legal.

Sin embargo, los Estados Unidos, bajo el liderazgo del presidente Bush, se retiraron de las negociaciones sobre el clima en marzo de 2001 y, por tanto, no firmaron el Protocolo de Kioto en la reunión de Bonn. Dado que Estados Unidos produce aproximadamente una cuarta parte de la contaminación mundial por dióxido de carbono, esto supone un gran golpe para el tratado. Además, los objetivos fijados por el Protocolo de Kioto se redujeron durante la reunión de Bonn para asegurarse de que Japón, Canadá y Australia se sumarán. Los objetivos para los 37 países más ricos y desarrollados serán un recorte del 1 al 3% respecto a sus niveles de 1990. El tratado no incluye a los países subdesarrollados. Esto es preocupante, porque si países como India y China siguen desarrollándose, producirán enormes cantidades de contaminación. Por ejemplo, si estos dos países consiguen su objetivo de tener la misma proporción de coches por familia que Europa, habrá mil millones de coches más en el mundo.

El Protocolo de Kioto entró en vigor el 16 de febrero de 2005. Sólo pudo entrar en vigor después de que Rusia ratificara el tratado, cumpliendo así el requisito de que al menos 55 países, que representaran más del 55% de las emisiones mundiales realizadas, lo suscribieran.

La adhesión de Rusia inclinó la balanza y permitió que el Protocolo de Kioto se convirtiera en ley nacional. ¿Qué han firmado los 186 países? Los 38 países industrializados han acordado objetivos vinculantes para reducir sus emisiones de gases de efecto invernadero. La UE empezará a convertir inmediatamente el tratado en ley para todos los países miembros, obligando a reducir las emisiones de gases de efecto invernadero en un 8% sobre el nivel de 1990 para 2010. El objetivo legal del Reino Unido será del 12,5%, una reducción mayor para que los países más pobres de la UE puedan desarrollarse.

El mundo industrializado aportará un total de 500 millones de dólares (350 millones de libras esterlinas) de nuevos fondos al año para ayudar a los países en desarrollo a adaptarse al cambio climático y proporcionar nuevas tecnologías limpias.

Los países industrializados también podrán plantar bosques, gestionar los existentes y cambiar las prácticas agrícolas, y así reclamar créditos por la eliminación de dióxido de carbono de la atmósfera. Además, el Protocolo de Kioto contiene disposiciones sobre el comercio nacional e internacional de emisiones de carbono. Actualmente, los países que tienen objetivos de emisión podrán comerciar con las emisiones de carbono dentro de su propia economía nacional y entre ellos.

. . .

Lo que aún no se ha acordado es el comercio internacional con países sin objetivos de emisión, ya que en un principio la UE y las ONG (organizaciones no gubernamentales) medioambientales internacionales se oponían a ello, pero en general lo apoyaban otras naciones industriales y el mundo menos desarrollado.

Hay muchos que quieren que el Protocolo de Kioto vaya más allá y permita a las naciones industriales comprar créditos de carbono a las naciones menos desarrolladas. Por ejemplo, si Brasil evita la destrucción de una zona de la Amazonia, o la reforesta, esto podría contar como un crédito de carbono, que podría venderse a una nación industrial para compensar su necesaria reducción de emisiones.

A continuación, presentamos una guía de Quién es Quién en las conversaciones internacionales sobre el clima. Estas diferentes coaliciones, que se han formado durante las negociaciones sobre el cambio climático, nos dan una idea de las diferentes agendas de los distintos países. Además, hay fuertes intereses de grupos de presión tanto de Estados individuales como de grupos ecologistas, empresariales e industriales, que también se analizan a continuación.

· · ·

El Grupo de los 77 es la principal coalición de países en desarrollo y se formó en 1964 durante las negociaciones del Nuevo Orden Económico Internacional en el marco de la Conferencia de las Naciones Unidas sobre Comercio y Desarrollo (UNCTAD). China se alía regularmente con este grupo, que cuenta ahora con más de 130 miembros. El país que ostenta la presidencia rotatoria anual del Grupo 77 en Nueva York ejerce la presidencia del G-77 en materia de cambio climático. Durante algunas de las negociaciones del Protocolo de Kioto, los presidentes del G-77 fueron: Filipinas (1995); Costa Rica (1996); y la República Unida de Tanzania (1997). El Grupo funciona según una regla de consenso. Sin consenso, es decir, sin que todos los países de este grupo estén de acuerdo, no se articula una posición común.

Sin embargo, dada la gran variedad de intereses que engloba el G-77, ha sido habitual que durante las negociaciones del Protocolo de Kioto también intervengan partes y grupos individuales, incluso cuando había una posición común. El G-77 simboliza la división Norte-Sur, ya que el G-77 considera que el cambio climático es realmente una cuestión de desarrollo.

· · ·

Este grupo expresa dos preocupaciones principales: en primer lugar, que el desarrollo de los países pobres se vea obstaculizado por tener que reducir las emisiones y, en segundo lugar, que se permita el comercio de automóviles como forma de aumentar los ingresos de los países en desarrollo.

AOSIS

La Alianza de los Pequeños Estados Insulares se constituyó en 1990, durante la Segunda Conferencia Mundial sobre el Clima, para representar los intereses de los países de baja altitud y de las pequeñas islas, especialmente vulnerables a la subida del nivel del mar. Está formada por unos 43 Estados, la mayoría de los cuales son también miembros del G-77. Este grupo ha intervenido regularmente en las negociaciones del Protocolo, a menudo, aunque no siempre, a través de su presidente (Samoa, durante la mayor parte de las negociaciones), aunque también han intervenido países individuales. La posición de la AOSIS ha sido siempre la de conseguir un control más estricto de las emisiones globales, ya que sus países parecen ser los más amenazados por los impactos del calentamiento global.

. . .

Este grupo de la OCDE (Organización para la Cooperación y el Desarrollo Económicos) actuó como una
coalición informal de intercambio de información
durante las negociaciones del Protocolo de Kioto, sin
ninguna posición coordinada. JUSSCANNZ son las
siglas de Japón, Estados Unidos (que posteriormente
abandonó las negociaciones), Suiza, Canadá, Australia,
Noruega y Nueva Zelanda. Islandia y otros países de la
OCDE, como México, asistieron a menudo a las
reuniones del grupo. La principal preocupación de
JUSSCANNZ ha sido siempre el coste de la lucha
contra el cambio climático. Sin embargo, el grupo está
dividido. Japón, Nueva Zelanda, Noruega e Islandia ya
disfrutan de una alta eficiencia energética y/o de una
combinación energética dominada por fuentes de baja
emisión de carbono. Las emisiones de gases de efecto
invernadero por unidad de PIB y per cápita son, por
tanto, muy inferiores a la media de la OCDE, por lo
que su principal preocupación es el coste de la reducción. El segundo grupo es el de Australia, Canadá y
EE.UU. -los llamados países del nuevo mundo-, que se
enfrentan a circunstancias nacionales muy diferentes,
con una eficiencia energética relativamente baja y una
combinación de energías dominada por los combusti-

bles fósiles, poblaciones crecientes y grandes áreas geográficas, todo lo cual conduce a altas emisiones por unidad de PIB y per cápita. La principal preocupación de estos países es el coste de la mitigación del cambio climático debido al coste de cambiar sus infraestructuras de alto consumo energético.

La Unión Europea ha mantenido una posición coordinada en materia de cambio climático, normalmente hablando a través de su Presidencia, que rota cada seis meses. Por ejemplo, durante las negociaciones del Protocolo han presidido la UE los siguientes países: España (a finales de 1995), Francia (a principios de 1996), Irlanda (a finales de 1996), Países Bajos (a principios de 1997) y Luxemburgo (a finales de 1997). Ha sido poco frecuente que los Estados de la UE intervengan durante las negociaciones del Protocolo de Kioto. La UE tiene una división de sus miembros muy similar a la de JUSSCANNZ, con economías de alta y baja eficiencia energética.

La opinión consensuada de la UE ha sido posicionarse como líder medioambiental, con el intento de abogar por recortes de hasta el 15%. El razonamiento de la

UE ha sido que cualquier reducción negociada podría entonces repartirse entre los países de la UE, dependiendo de su desarrollo. Esta posición se ha visto muy favorecida por el hecho de que tanto el Reino Unido como Alemania han experimentado un significativo descenso de las emisiones de efecto invernadero. En el Reino Unido, esto se logró gracias a la sustitución del carbón por el gas, mientras que el descenso de Alemania se debió a la actualización y el saneamiento de las industrias ineficientes de la antigua Alemania del Este. Sin embargo, las divisiones internas de la UE y sus engorrosos procedimientos internos de toma de decisiones la convierten en un socio negociador frustrante.

La OPEP, la Organización de Países Exportadores de Petróleo, coordina periódicamente de manera informal sus posiciones en las negociaciones sobre el cambio climático, pero nunca se ha pronunciado como un grupo unido. La posición central de este grupo es la protección de su principal exportación económica, el petróleo, y la prevención de cualquier tratado que socave el uso significativo de los combustibles fósiles.

· · ·

Grupo Africano

El Grupo Africano es un grupo regional formal dentro del sistema de la ONU, pero sólo ha intervenido en ocasiones durante las negociaciones. En la mayoría de los casos, los países de este grupo han hablado por sí mismos o a través de la función de coordinación del G-77. El Grupo Africano se ha utilizado principalmente para las declaraciones ceremoniales.

EGNOs es la abreviatura de Organizaciones No Gubernamentales de Medio Ambiente y, aunque no son homogéneas, tienen una visión relativamente unida sobre el cambio climático. Aceptan universalmente la ciencia del cambio climático y su posible impacto, y hacen campaña para que los gobiernos y las empresas se comprometan firmemente a abordar el problema.

Sin embargo, existen diferencias significativas entre las ONGE en lo que respecta a cuestiones específicas de las negociaciones, en particular la posibilidad del comercio de emisiones. La división puede verse en términos de reflexión de una diferencia cultural entre el nuevo y el viejo mundo. Por ejemplo, Greenpeace Internacional, con sede en Ámsterdam, se opone rotundamente al comercio de emisiones, mientras que los Amigos de la Tierra brasileños lo apoyan firmemente.

Las Organizaciones No Gubernamentales Empresariales e Industriales (ONGI) fueron otro poderoso grupo de presión en las negociaciones del Protocolo de Kioto.

Sin embargo, a diferencia de las ONGE, son un grupo diverso y poco unido, con tres subgrupos principales.

En el extremo más progresista del espectro se encuentran las empresas "verdes", incluidas las industrias de energías renovables "sunrise" y las compañías de seguros, que reconocen el cambio climático como una posible oportunidad de negocio e instan a una acción decisiva por parte de los gobiernos. El término medio lo ocupa un grupo que acepta la ciencia del cambio climático pero pide un enfoque prudente y cauteloso de la mitigación. En el otro extremo se encuentran las industrias de combustibles fósiles, en su mayoría con sede en Estados Unidos, como la Coalición Global del Clima. Se les conoce como los BINGO grises o el club del carbono, que sólo apoyan las medidas más débiles contra el cambio climático, subrayando los costes económicos y las incertidumbres científicas, haciéndose eco de los editoriales y titulares de la mayoría de los periódicos estadounidenses y del Times británico. Algunos de estos BINGOs se opusieron abiertamente a las negociaciones. El más notable fue el Consejo del Clima, un grupo de presión con sede en EE.UU. dirigido por Don Pearlman, socio de un bufete de abogados de Washington, del que se cree que es una fachada para los intereses de los combustibles fósiles y la energía en EE.UU. Han colaborado con los países de la OPEP para bloquear los avances en el IPCC y en las negociaciones sobre el cambio climático.

La lista anterior describe algunos de los principales actores de la Conferencia de Kioto. Las negociaciones del Protocolo. Es interesante que, a pesar de todos estos puntos de vista diferentes, un estudio realizado por Joanna Depledge en el University College de Londres demostró que la gestión de las negociaciones del Protocolo de Kioto fue buena, a pesar del tamaño y la ambición de estas conversaciones.

．　．　．

La autora también ofrece algunas lecciones clave que podrían utilizarse para aumentar la eficacia de cualquier negociación multilateral y garantizar que el proceso se fortalezca en el futuro. Entre ellas se encuentra la importancia de contar con un único officante o presidente de negociación y un equipo de secretaría fuertes y eficientes durante todo el proceso de negociación, ya que promueven la unidad y la continuidad. Debe mantenerse un equilibrio entre la equidad/transparencia de los procedimientos y la eficiencia, ya que el proceso de negociación siempre debe seguir avanzando, pero al mismo tiempo los participantes deben sentir que es un proceso justo. Hay que promover la negociación y la cooperación para acelerar las negociaciones y evitar la tendencia al estancamiento del debate. También debe haber estrategias para superar los obstáculos de procedimiento, ya que a veces se utilizan como mecanismo de estancamiento en las negociaciones. Por último, Depledge sugiere que se desarrolle una memoria institucional para que las futuras negociaciones continuadas tengan conocimiento de lo que ha funcionado y lo que no ha funcionado en el pasado.

．　．　．

130

La primera ley importante del Protocolo de Kioto, según muchos, es que no va lo suficientemente lejos. El Protocolo de Kioto que se está negociando actualmente prevé recortes de emisiones respecto a los niveles de 1990 de entre el 3 y el 8% para algo más de la mitad del mundo desarrollado, sin restricciones para el mundo menos desarrollado, mientras que los científicos han sugerido que es necesario un recorte global de hasta el 60% para evitar un cambio climático importante.

Por lo tanto, se sugiere que el Protocolo de Kioto no hará nada para prevenir el calentamiento global y no es significativamente diferente de una situación sin cambios; que es, por supuesto, lo que muchos países desarrollados quieren para mantener su economía.

Lo que ni siquiera las negociaciones más eficaces pueden resolver es la retirada del proceso. Así que la segunda gran ley del Protocolo de Kioto es la no participación de los Estados Unidos. Sin embargo, no es sorprendente que Estados Unidos se haya retirado de estas negociaciones sobre el cambio climático: Las emisiones de dióxido de carbono de EE.UU. ya han aumentado un 12% respecto a los niveles de 1990 y se prevé que aumenten más de un 30% en 2012 respecto a los niveles de 1990. Por tanto, si hubieran aceptado ratificar el Protocolo de Kioto, habrían tenido que reducir sus emisiones en más de un tercio, lo que los sucesivos presidentes han considerado una amenaza directa para la economía estadounidense y sus posibilidades de reelección. Sin embargo, existe una división más profunda entre los Estados Unidos y, por ejemplo, la UE. Muchos comentaristas políticos se refieren a ella como la brecha transatlántica. Los estadounidenses han tendido históricamente a no ver ninguna fuente de legitimidad democrática superior al Estado-nación constitucional. Por tanto, cualquier organización internacional sólo tiene legitimidad porque las mayorías democráticas la han cedido a través de un proceso contractual negociado. Esta legitimidad puede ser retirada en cualquier momento por las partes contratantes. Los europeos, por el contrario, tienden a creer que la legitimidad democrática proviene de la voluntad de una comunidad internacional que es mucho más grande que cualquier Estado-nación individual.

Esta comunidad internacional otorga legitimidad a las instituciones internacionales existentes, a las que se considera que encarnan parcialmente los ideales y preceptos de la comunidad internacional. A principios del siglo XXI, la diferencia de enfoques entre los Estados Unidos y otros Estados nación no podría ser más marcada. La administración Bush no sólo se ha retirado de las negociaciones del Protocolo de Kioto, sino que no ha ratificado el pacto de Río sobre la biodiversidad, se ha retirado del tratado sobre misiles antibalísticos, se ha opuesto a la prohibición de las minas terrestres, se ha opuesto a las enmiendas a la convención sobre la guerra biológica, se ha opuesto a la creación de un tribunal penal internacional y ha dejado de lado a la ONU en los preparativos de la segunda guerra de Irak. Esta pauta de unilateralismo estadounidense no debe verse como un problema transitorio que afecta a la administración Bush, sino que muestra el cisma fundamental entre las visiones del mundo de Estados Unidos y del resto del mundo occidental. Esto no quiere decir que una u otra visión sea más o menos válida. El problema es que el "futuro cambio climático" es una preocupación global, con causas y efectos que van mucho más allá de las fronteras del Estado-nación. Al igual que la revolución de los años ochenta, cuando se amplió el ámbito geográfico de los problemas medioambientales para abarcar todo el planeta, se requiere una nueva visión geográfica "global" de la política. De ahí que las negociaciones sobre el cambio climático y las conversaciones sobre el comercio mundial relacionadas con él se vean fundamentalmente desprovistas del enfoque multilateral de los Estados. Estados Unidos es tan importante para ambos procesos por su tamaño económico. En la actualidad, la población de EE.UU. es de 280 millones y tiene un **PIB** de 7 billones de dólares, en comparación con el conjunto de Europa, que tiene 375 millones de personas y un **PIB** de 10 billones de dólares.

Uno de los principales obstáculos a la hora de abordar el problema del calentamiento global es el coste, o más bien la percepción del coste. Los medios de comunicación y los ecologistas rara vez abordan este problema, pero es la razón fundamental por la que el Protocolo de Kioto puede acabar fracasando. El caso de que todo siga igual proporciona un valor de los daños que causará el calentamiento global, unos 4,8 billones de dólares, aproximadamente la mitad del **PIB** de toda la Unión Europea. Si se incluyen algunas políticas de mitigación, este coste puede reducirse en el caso óptimo a 4,6 billones. Sin embargo, si se toman medidas para estabilizar las emisiones de dióxido de carbono en el nivel de los años 90, el coste para el mundo sería casi el doble: 8,6 billones de dólares, 1,6 billones más que el PIB de Estados Unidos. Sería un poco más barato intentar evitar que la temperatura global suba por encima de 2,5 C, con 7,8 billones de dólares. Si quisiéramos evitar que la temperatura global subiera por encima de 1,5 C costaría la asombrosa cifra de 37 billones de dólares.

Estos costes son astronómicos y al tratar el tema del calentamiento global hay que ser realista sobre lo que el mundo puede y no puede permitirse. Por supuesto, todos estos escenarios parten de la base de un cambio constante en el clima sugerido por los MCG y, por supuesto, no se tiene en cuenta la posibilidad de que se produzcan cambios climáticos bruscos. Otra forma de ver todas estas enormes cifras es en términos de lo que gana el mundo. Si aplicamos Kioto o intentamos estabilizar los efectos del calentamiento global, el coste para el mundo podría llegar al 2% del PIB mundial. ¿Es esto mucho dinero? Bueno, depende de cómo se mire, ya que esta cantidad equivale al gasto anual mundial en el ejército.

. . .

Además, se ha señalado que se prevé que la economía mundial crezca entre un 2% y un 3% durante el próximo siglo, por lo que hacer frente al calentamiento global es cortar la curva de crecimiento durante un año. Sería como esperar hasta 2051 para disfrutar de la prosperidad de 2050. Y, por supuesto, para entonces el ciudadano medio del mundo será el doble de rico que ahora. Así que, visto de este modo, el coste mundial de hacer frente al calentamiento global parece bastante razonable.

La segunda consideración al investigar el coste de limitar el calentamiento global es el dilema moral de que este dinero podría gastarse en otro lugar para aliviar el sufrimiento humano. Por ejemplo, el actual Protocolo de Kioto, si se aplicara, costaría un mínimo de 150.000 millones de dólares al año, mientras que UNICEF calcula que con sólo 70-80.000 millones de dólares al año se podría dar a todos los habitantes del Tercer Mundo acceso a lo básico, como salud, educación, agua y saneamiento. Así que el calentamiento global nos plantea algunos problemas morales importantes. Bjørn Lomborg sugiere que esta conexión entre los recursos utilizados en el calentamiento global y la ayuda al Tercer Mundo es mucho más profunda, porque será el mundo en desarrollo el que más sufra los efectos del calentamiento global, ya que son los menos capaces de adaptarse. Si mitigamos el calentamiento global, estamos de hecho ayudando a las generaciones futuras del Tercer Mundo. Sin embargo, si gastáramos el mismo dinero, pero directamente en el mundo en desarrollo, estaríamos ayudando a los habitantes actuales y, por tanto, a sus descendientes.

Como hemos visto que el ciudadano medio del mundo estará dos veces mejor en 2050, tenemos un verdadero dilema moral: ¿ayudamos a los habitantes más acomodados del mundo en desarrollo dentro de cien años o ayudamos a los habitantes más pobres del Tercer Mundo actual? La salvedad es que, si ayudamos al Tercer Mundo a desarrollarse rápidamente ahora, ¿Aceleraremos el calentamiento global de manera significativa y, por tanto, costará más a largo plazo?

Uno de los temas más controvertidos en las negociaciones sobre el cambio climático es el comercio internacional de carbono o de emisiones. Cuenta con el apoyo de los países del G-77, de JUSSCANNZ y también de muchas BINGOs y ENGOs de países menos desarrollados. Muchos lo consideran un componente esencial de cualquier tratado que incluya a Estados Unidos. Otros, como la UE y las OEN internacionales, consideran que el comercio de carbono es moralmente incorrecto. Así que el compromiso sobre este tema es muy escaso.

Sin embargo, en virtud del Protocolo de Kioto, los gobiernos nacionales pueden emitir cuotas de su reducción de emisiones de carbono acordada en forma de certificados negociables que demuestren el cumplimiento de los objetivos.

Las empresas dedicadas a la producción de energía y electricidad pueden decidir entonces si reducen sus emisiones de gases de efecto invernadero o si compran estos certificados a otra empresa con excedentes de permisos. Estos permisos sólo se expiden cuando la empresa ha superado su objetivo de reducción. La introducción de este escenario de comercio permite encontrar el coste más barato de reducir las emisiones de carbono.

· · ·

Por ejemplo, las empresas que ya son eficientes en materia de energía/carbono encontrarían muy caro reducir las emisiones en una cantidad determinada en comparación con una empresa más ineficiente. Por tanto, el comercio no sólo produce la opción menos costosa, sino que fomenta el desarrollo de tecnologías de reducción innovadoras, es decir, tecnologías de baja emisión de carbono. Esto se compara con la opción del impuesto sobre el carbono, según la cual las empresas tendrían que pagar un impuesto fijo por tonelada de carbono emitida, lo que sólo incentiva el ajuste de los niveles de producción, que generalmente no beneficia a las empresas. ni la sociedad.

En Estados Unidos, el comercio de emisiones ya ha desempeñado un papel fundamental en la reducción del dióxido de azufre y los óxidos nitrosos, los principales componentes de la lluvia ácida. Esto ha tenido mucho éxito. La Ley de Aire Limpio de 1990 obligaba a las empresas eléctricas a reducir sus emisiones de estos contaminantes en 8,5 millones de toneladas respecto a los niveles de 1980. Las estimaciones iniciales en 1989 sugerían que costaría 7.400 millones de dólares; un informe de 1998 basado en datos reales de cumplimiento sugería que había costado menos de 1.000 millones.

El primer mercado nacional de gases de efecto invernadero respaldado por la legislación es el Régimen de Comercio de Derechos de Emisión del Reino Unido, que se puso en marcha en abril de 2002. Está previsto que en 2005 se ponga en marcha un régimen de comercio a escala europea, en el que al menos 5.000 empresas europeas deberán controlar sus emisiones.

El Programa de las Naciones Unidas para el Medio Ambiente predice que al final del primer periodo de cumplimiento del Protocolo de Kioto, 2008-12, se habrán comercializado más de 2 billones de dólares. Esto se debe a que los países que no alcancen el primer conjunto de objetivos en 2012 tendrán que añadir el déficit al siguiente periodo de compromiso, más una penalización del 30%. También quedarán excluidos del comercio de carbono y se verán obligados a adoptar medidas correctoras en sus países. En contra de lo que se creía en un principio, la participación en el comercio de derechos de emisión no ha aumentado los costes, y unas varias empresas petroleras han descubierto que les ha dado una ventaja de costes sobre sus competidores.

Sin embargo, esto está muy lejos del sistema de créditos de carbono que desean muchos países menos desarrollados. Esto implicaría que las naciones industriales compraran créditos de carbono en el mercado internacional. Estos créditos de carbono internacionales serían generados por cualquier país mediante la reforestación o el cambio de prácticas agrícolas, lo que significa que se almacena más carbono en la biosfera en comparación con los niveles de 1990, o mediante la reducción de las emisiones industriales, ya que, como hemos visto anteriormente, es mucho más rentable reducir las emisiones de las industrias ineficientes, que son comunes en los países menos desarrollados, que las industrias eficientes. Los países menos desarrollados consideran que esto es esencial manera de generar dinero y acelerar el desarrollo, al tiempo que se asegura la reducción de las emisiones. Algunos consideran que ésta es la única forma en que Estados Unidos podría permitirse cumplir el Protocolo de Kioto, si es que decide volver a adherirse.

· · ·

El calentamiento global no tiene por qué tratarse únicamente a nivel internacional y hay muchos buenos ejemplos de iniciativas a nivel local. Así, mientras los gobiernos nacionales se toman su tiempo para tratar de llegar a un acuerdo global, los gobiernos locales y los individuos han impulsado sus propias soluciones durante los últimos diez años. La fuerza motriz de muchos de estos esfuerzos es el documento Agenda 21, aceptado en la Conferencia de las Naciones Unidas sobre Medio Ambiente y Desarrollo celebrada en Río de Janeiro en junio de 1992.

Este documento hace hincapié en la participación tanto de los organismos locales como de los individuos en el desarrollo de soluciones para el cambio medioambiental, el desarrollo y la sostenibilidad. La mayoría de las autoridades locales tienen políticas que abordan las cuestiones clave del documento Agenda 21. Un ejemplo de ello viene de New Hampshire, en Estados Unidos: allí la gobernadora Jeanne Shaheen ha facilitado la reunión de empresas locales, gobiernos y el sector del medio ambiente para idear soluciones para reducir los gases de efecto invernadero en el estado. El principal problema era que, en el pasado, las empresas que habían reducido voluntariamente la contaminación atmosférica habían sido castigadas porque, con la introducción de las Enmiendas a la Ley Federal de Aire Limpio de 1990, a las empresas que ya habían empezado a limpiar su actividad se les imponían objetivos de reducción de emisiones más estrictos que a las empresas más sucias.

Gracias a la reunión de las partes interesadas en New Hampshire, se decidió que el estado apoyaría a las empresas que hicieran reducciones voluntarias, y esto se hizo mediante un registro de todas las reducciones realizadas en las emisiones de gases de efecto invernadero.

Esta acción colectiva ha dado lugar a una legislación estatal que se aprobó en 1999 y ha tenido muchos beneficios; un efecto inmediato fue una mejora significativa de la calidad del aire local. Estas soluciones innovadoras también fueron percibidas por Wisconsin y California, donde se completaron procesos legales similares en 2000. Además, Wisconsin fue el primer estado de EE.UU. en realizar un estudio de costes de la acción climática a nivel estatal. Descubrieron que aplicando soluciones que no costaban nada o incluso ahorraban dinero (por ejemplo, medidas de eficiencia energética) podrían crearse más de 8.000 nuevos puestos de trabajo en el estado, ahorrar casi 500 millones de dólares, aumentar el producto bruto del estado de Wisconsin y reducir más de 75 millones de toneladas de emisiones de dióxido de carbono.

Otro nivel en el que se puede tratar el calentamiento global es el del Estado-nación y hay muchos ejemplos de individuos países que toman la delantera para reducir sus propias emisiones de combustibles fósiles. Una luz que brilla es la de Islandia. Actualmente obtiene el 99% de su electricidad de géiseres y presas hidroeléctricas. Pero importa 850.000 toneladas de petróleo para satisfacer el 35% de sus necesidades energéticas, que utiliza principalmente para el transporte, la pesca y la producción de metales. Esto hace que Islandia tenga una de las tasas de emisión de carbono per cápita más altas del mundo. Sin embargo, se ha comprometido políticamente a convertirse en la primera economía del hidrógeno del mundo, reduciendo las emisiones de efecto invernadero a cero en los próximos 30 años.

Su visión es desarrollar la tecnología para dividir el agua en hidrógeno y oxígeno y utilizar el hidrógeno

como combustible, sin producir gases de efecto invernadero. Este ejemplo demuestra que, cuando hay
voluntad y convicción política, se puede hacer algo con
respecto a nuestra obsesión por la economía de los
combustibles fósiles. Pero también hay que tener en
cuenta que la economía del hidrógeno plantea grandes
problemas, ya que hay grandes peligros de fugas y la
necesidad de mantener el gas a altas presiones.
Además, en primer lugar, se necesita energía para
dividir el agua y extraer el hidrógeno, lo que requiere
combustibles fósiles. Así que la economía del hidrógeno
no es la solución global al calentamiento global.

6

¿Cuáles son las alternativas?

HASTA HACE unas décadas se pensaba que era significativo Los cambios climáticos globales y regionales a gran escala se produjeron gradualmente a lo largo de una escala temporal de muchos siglos o milenios, por lo que se suponía que los cambios climáticos eran apenas perceptibles durante la vida de un ser humano. La tendencia del clima a cambiar bruscamente a lo largo de la historia de la humanidad ha sido uno de los resultados más sorprendentes del estudio de los climas del pasado. Hay pruebas fehacientes de que algunos de los cambios climáticos más pronunciados supusieron un cambio regional en la temperatura media anual en unas pocas décadas, o incluso en unos pocos años. Estas transiciones a escala decenal habrían sido presumiblemente muy perceptibles para los seres humanos que vivían en esas épocas. Se sabe que uno de estos períodos cortos, fríos y áridos de hace unos 4.300 años tuvo un profundo efecto en las civilizaciones clásicas.

Muchas de estas civilizaciones no pudieron adaptarse a los cambios climáticos y se derrumbaron, como el Antiguo Reino de Egipto, el Imperio Acadio de Mesopotamia, las sociedades de la Primera Edad del Bronce de Anatolia, Grecia e Israel, la civilización del valle del Indo en la India, la civilización de Hilmand en Afganistán y la cultura de Hongshan en China.

También se ha demostrado que el deterioro del clima, en particular una sucesión de graves sequías en América Central durante el Periodo Frío Medieval, provocó el colapso del periodo clásico de la civilización maya. Además, el auge y la caída de los incas pueden vincularse a la alternancia de periodos húmedos y secos, que favorecieron a las culturas de la costa y la sierra de Ecuador y Perú. Sin embargo, sabemos que el ser humano puede sobrevivir a toda una gama de climas. Por lo tanto, el colapso de estas civilizaciones urbanas no se debe a que el clima haya hecho inhóspita una zona, sino a que la sociedad fue incapaz de adaptarse a los cambios climáticos, especialmente a los cambios en los recursos hídricos. Por ejemplo, para que la civilización maya hubiera sobrevivido, habría tenido que reconocer su vulnerabilidad a la escasez de agua a largo plazo y debería haber desarrollado un enfoque más flexible, es decir, desarrollar nuevas fuentes de agua, desarrollar nuevos medios de conservación del agua y priorizar el uso del agua en tiempos de escasez.

Así que el cambio climático es una presión externa sobre una sociedad, pero es la estructura de la sociedad, en particular lo flexible que es, lo que determina si sobrevive o no. Esta es una lección importante. Dado que el peso de las pruebas sugiere firmemente que el calentamiento global provocará un cambio climático, tenemos que asegurarnos de que nuestra sociedad y economía globales sean lo suficientemente flexibles para hacer frente a estos cambios.

El informe del IPCC de 2001 sobre los impactos, la adaptación y la vulnerabilidad ofrece un diagrama muy útil de los principales impactos en la sociedad y el aumento de la temperatura global que puede produwhen cirse. Se trata de una valiosa herramienta de gestión, ya que muestra cómo estos cinco motivos de preocupación pueden variar en el siglo XXI. Es en esta escala de riesgo donde tenemos que juzgar el coste de la adaptación y la mitigación frente a los distintos costes regionales y impactos globales.

El enfoque más sensato para evitar los peores efectos del calentamiento global sería reducir las emisiones de dióxido de carbono. Los científicos creen que es necesaria una reducción de entre el 60 y el 80% para evitar los peores efectos del calentamiento global. Pero muchos han argumentado que el coste de una reducción significativa del uso de combustibles fósiles afectaría gravemente a la economía mundial, impidiendo el rápido desarrollo del Tercer Mundo.

La ratificación del Protocolo de Kioto en la reunión de Bonn de julio 2001 sólo supondrá una reducción de entre el 1 y el 3% para el mundo desarrollado, mientras que el mundo en desarrollo seguirá aumentando sus emisiones. El segundo gran objetivo del IPCC es estudiar e informar sobre la sensibilidad, la adaptabilidad y la vulnerabilidad potenciales de cada medio ambiente y sistema socioeconómico nacional, porque si podemos predecir cuáles serán los impactos del calentamiento global, los gobiernos nacionales podrán tomar medidas para mitigar los efectos.

Por ejemplo, si las inundaciones van a ser más frecuentes en Gran Bretaña, los daños a la propiedad y la pérdida de vidas pueden evitarse con nuevas leyes estrictas que limiten la construcción en las llanuras fluviales y las costas vulnerables.

El IPCC considera que hay seis razones por las que debemos adaptarnos al cambio climático. (1) El cambio climático no puede evitarse; (2) la adaptación anticipada y preventiva es más eficaz y menos costosa que las medidas de emergencia forzadas de última hora; (3) el cambio climático puede ser más rápido y más pronunciado de lo que sugieren las estimaciones actuales, y los acontecimientos inesperados, como hemos visto, son más que posibles; (4) se pueden obtener beneficios inmediatos de una mejor adaptación a la variabilidad climática y a los fenómenos atmosféricos extremos: por ejemplo, con el riesgo de huracanes, habría que aplicar leyes de construcción estrictas y mejores prácticas de evacuación; (5) también se pueden obtener beneficios inmediatos si se eliminan las políticas y prácticas inadaptadas, por ejemplo, la construcción en llanuras fluviales y costas vulnerables; y (6) el cambio climático conlleva tanto oportunidades como amenazas. El cambio climático puede aportar beneficios en el futuro.

La principal amenaza del calentamiento global es su imprevisibilidad. La humanidad puede vivir en casi cualquier extremo del clima, desde los desiertos hasta el Ártico, pero sólo cuando podemos predecir lo que los extremos del clima. Así que la adaptación es realmente la clave para hacer frente al problema del calentamiento global, pero debe empezar ahora, ya que los cambios en las infraestructuras pueden tardar hasta 50 años en aplicarse.

Por ejemplo, si se quiere cambiar el uso del suelo, por ejemplo construyendo mejores defensas contra el mar o devolviendo las tierras de cultivo a los humedales naturales en una zona concreta, puede llevar hasta 20 años investigar y planificar los cambios adecuados. Luego pueden pasar otros diez años para los procesos consultivos y legales completos; un ejemplo de ello es el tiempo que ha llevado acordar una estrategia para ampliar los aeropuertos de Londres. Pueden pasar otros diez años para aplicar estos cambios y una década siguiente para que se produzca la restauración natural.

El otro problema es que la adaptación requiere invertir dinero ahora; muchos países simplemente no tienen el dinero y en otras partes del mundo la gente no quiere pagar más impuestos para protegerse en el futuro, ya que la mayoría de la gente vive para el presente. Esto es, por supuesto, a pesar del hecho de que todas las adaptaciones discutidas ahorrarán a largo plazo dinero para el área local, el país y el mundo; nosotros, como sociedad global, todavía tenemos una visión a muy corto plazo, normalmente medida en unos pocos años entre sucesivos gobiernos.

¿Cómo podemos hacer frente al calentamiento global? Hemos visto que los gobiernos se ponen poco a poco manos a la obra para reducir las emisiones de dióxido de carbono; sin embargo, preocupa el coste que esto supondrá. Por ello, se ha despertado un gran interés por las "alternativas" o "tecnofixes" para resolver el problema del calentamiento global. Hay cuatro áreas principales de tecnofixes:

· · ·

(a) La eliminación de CO2 de los procesos industriales puede contribuir sustancialmente a la reducción del CO2 atmosférico; sin embargo, es necesario seguir investigando y desarrollando para mejorar el rendimiento y la aplicación de estos métodos dentro de los conceptos de desarrollo sostenible.

(b) Podemos utilizar menos energía y, por tanto, producir menos dióxido de carbono. Es posible mejorar la eficiencia energética en un 50% de media en las próximas tres décadas, aunque para ello habrá que adoptar duras medidas políticas, como la introducción de un impuesto sobre la energía o el carbono. Un ejemplo es que la eficiencia en la generación de energía puede aumentar un 60% utilizando tecnologías avanzadas en el campo de las turbinas de gas y las pilas de combustible.

(c) Existen fuentes de energía renovables/alternativas, es decir, fuentes de energía que no producen una cantidad neta de dióxido de carbono en la atmósfera. La más prometedora a corto plazo es la biomasa, que para el año 2020 podría producir un tercio de la energía mundial. Cuando la biomasa crece, absorbe dióxido de carbono de la atmósfera, que sólo se devuelve cuando se quema como combustible, por lo que no hay un aumento neto de dióxido de carbono en la atmósfera.

La más prometedora a largo plazo es la energía solar, mientras que la eólica se considera una excelente solución intermedia, sobre todo en países como el Reino Unido, donde la luz solar no está garantizada.

Muchos países también están debatiendo la renovación de sus programas nucleares como fuente de energía sin emisiones de carbono, pero los problemas de seguridad y el vertido de residuos nucleares siguen siendo las principales objeciones.

Las energías alternativas ya no son competencia de las ONG ecologistas; a excepción de algunas empresas petroleras estadounidenses, con Exxon/Mobil (Esso en Europa) a la cabeza, la mayor parte del resto de la comunidad empresarial mundial está reaccionando rápidamente a la necesidad de fuentes de energía diferentes. En los últimos cinco años, empresas como Ford y petroleras como BP y Shell han empezado a invertir miles de millones de dólares en la investigación de nuevas tecnologías. La energía eólica se ha generalizado, la energía solar se está desarrollando rápidamente y los coches híbridos están en las carreteras. Los coches que funcionan con pilas de combustible, hidrógeno y aire comprimido ya no son una quimera.

d) Existe la posibilidad de eliminar el dióxido de carbono de la atmósfera, ya sea cultivando nuevos bosques o estimulando al océano para que absorba más. Esta idea se analiza con más detalle más adelante, en la sección de hipótesis del hierro.

Todas estas tecnologías tienen sentido y una combinación de ellas podría utilizarse para combatir el calentamiento global, aunque cada una tiene sus inconvenientes. La eliminación del dióxido de carbono durante los procesos industriales es complicada y costosa, porque no sólo hay que eliminar el CO_2, sino también almacenarlo en algún lugar.

. . .

Los costes de extracción y almacenamiento podrían oscilar entre 20 y 50 dólares por tonelada de CO_2. Esto supondría un aumento del 35% al 100% en los costes de producción de energía. Sin embargo, no es necesario almacenar todo el CO_2 recuperado; una parte puede utilizarse en la recuperación mejorada de petróleo, la industria alimentaria, la fabricación de productos químicos (producción de ceniza de sosa, urea y metanol) y las industrias de procesamiento de metales. El CO_2 también puede aplicarse a la producción de material de construcción, disolventes, compuestos de limpieza y envases, y en el tratamiento de aguas residuales. Pero en realidad, la mayor parte del dióxido de carbono capturado en los procesos industriales tendría que ser almacenado. Se ha calculado que, en teoría, dos tercios del CO_2 formado por la combustión de las reservas totales de petróleo y gas del mundo podrían almacenarse en los depósitos correspondientes. Otras estimaciones indican un almacenamiento de entre 90 y 400 GtC sólo en los yacimientos de gas natural y otros 90 GtC en acuíferos. Los océanos también podrían utilizarse para eliminar el dióxido de carbono. Se ha sugerido el almacenamiento mediante hidratos vertidos, es decir, si se mezclan dióxido de carbono y agua a alta presión y bajas temperaturas se crea un sólido o hidrato que es más pesada que el agua circundante y, por tanto, cae al fondo.

El principal problema de todos estos métodos de almacenamiento es la seguridad. El dióxido de carbono es un gas muy peligroso porque es más pesado que el aire y provoca asfixia.

Un ejemplo importante de esto fue en 1986, cuando una tremenda explosión de CO_2 del lago Nyos, en el oeste de Camerún, mató a más de 1.700 personas y ha ganado hasta 25 km de distancia. Aunque ya se habían producido catástrofes similares, nunca se habían asfixiado tantas personas y animales a tal escala en un solo evento breve. Lo que ahora creemos que ocurrió fue que el CO_2 disuelto del volcán cercano se filtró desde los manantiales bajo el lago y quedó atrapado en aguas profundas por el peso del agua de arriba. En 1986 hubo una avalancha que mezcló las aguas del lago, lo que provocó en un vuelco explosivo de todo el lago, y todo el dióxido de carbono atrapado fue liberado de una sola vez, demostrando que el almacenamiento de dióxido de carbono es muy difícil y potencialmente letal. Con el almacenamiento en el océano existe la complicación añadida de que el océano circula, por lo que, sea cual sea el dióxido de carbono que se vierta, una parte acabará volviendo. Además, los científicos tienen muchas dudas sobre los efectos medioambientales en los ecosistemas oceánicos. Por lo tanto, de momento no disponemos de estimaciones sobre la cantidad de CO_2 que puede almacenarse con seguridad.

En última instancia, una combinación de mejora de la eficiencia energética y de energías alternativas es la solución al calentamiento global. Desde el punto de vista de la seguridad y del medio ambiente, el almacenamiento de dióxido de carbono en el subsuelo o en el océano no es realmente viable, por muy útil que sea a corto plazo.

Como hemos visto, el calentamiento global está constantemente en la agenda política, aunque a los políticos no les guste mencionarlo. El problema, sin embargo, es que reducir las emisiones de dióxido de carbono tiene un enorme precio económico. Así que los científicos y los políticos siempre buscan un arreglo rápido o un "tecnofix" para el calentamiento global.

El difunto profesor John Martin propuso una de las ideas más controvertidas hasta la fecha. Sugirió que muchos de los océanos del mundo no producen lo suficiente. Esto se debe a la falta de nutrientes vitales, el más importante de los cuales es el hierro, que permite el crecimiento de las plantas en las aguas superficiales. Las plantas marinas necesitan cantidades mínimas de hierro y sin ellas no pueden crecer. En la mayoría de los océanos llega suficiente polvo rico en hierro procedente de la tierra, pero parece que grandes zonas del Océano Pacífico y del Océano Austral no reciben mucho polvo y, por tanto, están desprovistas de hierro. Por eso se ha sugerido que podríamos fertilizar el océano con hierro. Esto estimularía la productividad marina. La fotosíntesis adicional convertiría más dióxido de carbono del agua superficial en materia orgánica.

Cuando los organismos mueren, la materia orgánica cae al fondo del océano, llevándose consigo y almacenando el carbono extra. El dióxido de carbono reducido de las aguas superficiales se repone con el dióxido de carbono de la atmósfera.

. . .

En resumen, fertilizar los océanos del mundo podría ayudar a eliminar el dióxido de carbono atmosférico y almacenarlo en los sedimentos de las profundidades marinas. Los experimentos en el mar han demostrado que la cantidad de hierro necesaria es enorme, y en cuanto se deja de añadir el hierro extra, se libera gran parte de este dióxido de carbono almacenado.

También hay otro lado, más oscuro, de esta hipótesis del hierro.

Al parecer, debido a la industrialización y a los cambios en el uso de la tierra en todo el mundo, hay un 150% más de polvo en la atmósfera que hace 200 años.

Este polvo adicional ha aumentado la capacidad del océano para extraer el dióxido de carbono de la atmós-fera. Así que nuestra atmósfera sucia nos está ayudando literalmente contra el calentamiento global.

Sin embargo, el Protocolo de Kioto anima a los países a empezar a ampliar los bosques y evitar la erosión del suelo para extraer el dióxido de carbono de la atmósfera. Esto conducirá, en última instancia, a una disminución del polvo. Los cálculos del Dr. Andrew Ridgwell, de la Universidad de la Columbia Británica (Canadá), y los míos, sugieren que una proporción significativa del dióxido de carbono extra almacenado en la tierra en virtud del Protocolo de Kioto podría volver a la atmósfera, porque la disminución del polvo global empezará a limitar el hierro en el océano y, por tanto, la productividad. La reducción de la capacidad del océano para absorber el dióxido de carbono atmosférico anulará, a lo largo de cientos de años, la ganancia a corto plazo de la plantación de todos esos nuevos bosques.

Conclusión

El calentamiento global es una de las pocas teorías científicas que nos hace examinar toda la base de la sociedad moderna.

Es una teoría que hace discutir a los políticos, enfrenta a las naciones entre sí, cuestiona las opciones individuales de estilo de vida y, en última instancia, plantea las preguntas sobre la relación de la humanidad con el resto del planeta. Hay pocas dudas de que el calentamiento global cambiará nuestro clima en el próximo siglo; nuestras mejores estimaciones sugieren un aumento de la temperatura media de 1,4- 5,8 C, un aumento del nivel del mar del orden de un metro, cambios significativos en los patrones climáticos y más eventos climáticos extremos.

Sin embargo, no se trata del fin del mundo, como preveían muchos ecologistas a finales de la década de 1980 y principios de la de 1990, sino que plantea algunos retos importantes para nuestra sociedad global, el más importante de los cuales son los dilemas morales que el calentamiento global ha precipitado.

En primer lugar, ¿cómo garantizar que el Tercer Mundo se desarrolle lo más rápidamente posible, evitando al mismo tiempo una explosión masiva de la producción de dióxido de carbono y otros gases de efecto invernadero? En segundo lugar, está la cuestión de si el dinero que pensamos gastar para estabilizar el calentamiento global, 8 billones de dólares o el 2% del PIB mundial, para proteger a las generaciones futuras está mejor gastado en aliviar el sufrimiento humano global actual. En última instancia, el 2% del PIB mundial es un coste muy pequeño si conseguimos que la economía mundial siga creciendo un 2-3% al año durante el próximo siglo, tal y como se ha previsto. Así que, en última instancia, el calentamiento global es una cuestión de moral y economía mundial.

Entonces, ¿cuáles son las soluciones al calentamiento global?

Como hemos visto, es poco probable que la política mundial resuelva el calentamiento global. Las tecnologías son peligrosas o causan problemas tan graves como los que pretenden solucionar. Incluso la idea de utilizar la energía de forma más eficiente parece bastante inadecuada cuando hay otros cinco mil quinientos millones de personas en el mundo que aspiran a tener el uso de la energía que disfruta el mundo occidental. Así que la solución definitiva es que la humanidad desarrolle una producción de energía barata y limpia, ya que todo desarrollo económico se basa en un uso cada vez mayor de la energía. Aunque se han hecho grandes avances en las energías alternativas, parece poco probable que éstas produzcan energía a la escala que necesitamos en las próximas décadas.

Como soy un gran creyente en la capacidad de adaptación de la humanidad, estoy seguro de que estarán disponibles antes de que acabe el siglo.

Pero se necesita un aumento considerable de la inversión si queremos convertirnos a las energías renovables para finales de siglo; por ejemplo, la inversión actual de EE.UU. en energías renovables es de sólo 200 millones de dólares al año. Incluso si la tecnología de las energías renovables está disponible, no hay garantía de que sea asequible para todas las naciones, ya que vivimos en un mundo en el que incluso los medicamentos que salvan vidas tienen un coste para conseguir el máximo beneficio. Tampoco hay ninguna garantía de que si tuviéramos una energía ilimitada y gratuita se evitaría que siguiéramos maltratando el planeta. Paul Ehrlich, de la Universidad de Stanford, al comentar la posibilidad de obtener energía limpia ilimitada a partir de la fusión fría, sugirió que sería "como darle una metralleta a un niño idiota".

No podemos depositar todas nuestras esperanzas en la tecnología de las energías limpias, ni en nuestra capacidad para utilizarlas de forma inteligente, así que debemos prepararnos para lo peor y adaptarnos. Si se pone en práctica ahora, se pueden mitigar muchos de los costes y daños que podría causar el cambio climático. Para ello es necesario que las naciones y las regiones planifiquen para los próximos 50 años, algo que la mayoría de las sociedades son incapaces de hacer debido a la naturaleza a corto plazo de la política. Así pues, el calentamiento global pone en tela de juicio la forma en que organizamos nuestra sociedad. No sólo desafía el concepto de Estado-nación frente a la responsabilidad global, sino la visión a corto plazo de nuestros líderes políticos. Para responder a la pregunta de qué podemos hacer calentamiento global, debemos cambiar algunas de las reglas básicas de nuestra sociedad para permitirnos adoptar un enfoque mucho más global y a largo plazo.

www.ingramcontent.com/pod-product-compliance
Lightning Source LLC
Chambersburg PA
CBHW060336030426
42336CB00011B/1374